Votre argent :
Chaque décision compte

Comptabilité pour tous

par

SYLVIE DESLAURIERS
PhD MSc FCPA auditrice FCA

Votre argent : Chaque décision compte

Comptabilité pour tous

par Sylvie Deslauriers,
PhD MSc FCPA auditrice FCA

© 2021 AB + Publications

Infographie : Gabrielle Beaumont

AB+
Publications®

St-Alban, Québec
Canada

info@ABplusPublications.com
www.ABplusPublications.com

ISBN 978-1-928067-17-7

Dépôt légal : 2021
Bibliothèque nationale du Canada
Bibliothèque et Archives nationales du Québec

Pour leur confiance en mon travail,
ma gratitude à Marie-Claude, à Jérôme et à Christian.
Avec reconnaissance, Merci.

Un remerciement particulier à ma fille Louise-Anna Regnaud,
pour avoir pris le temps d'émettre des commentaires
sur le projet de ce volume.

Merci aussi à Mélanie Pelletier pour son implication.

PRÉSENTATION DE L'AUTEURE

Sylvie Deslauriers est professeure associée en sciences comptables à l'Université du Québec à Trois-Rivières (UQTR) depuis 1988. Passionnée par l'enseignement, elle croit au potentiel de réussite de chaque personne qu'elle côtoie et se dévoue à la recherche de méthodes d'enseignement adaptées. Grâce à ses talents de pédagogue, son enthousiasme et son humour, elle réussit à transmettre des notions parfois très complexes dans un langage clair et efficace.

Elle est détentrice d'un doctorat en administration (PhD) de l'Université Laval, d'une maîtrise en sciences comptables de l'Université du Québec à Montréal et d'un baccalauréat de l'Université de Sherbrooke en administration des affaires. Elle est également membre de l'Ordre des Comptables professionnels agréés du Québec (FCPA auditrice FCA), de l'*American Institute of Certified Public Accountants* (CPA [FL]) et de l'*Association of Accountants and Financial Professionals in Business* (CMA [É.-U.]).

S'étant illustrée de façon exceptionnelle dans sa profession, Sylvie Deslauriers a obtenu le prestigieux titre de *Fellow* décerné par l'Ordre des comptables agréés du Québec en 2010 ainsi que le titre convoité de *Fellow* de la Société des comptables en management du Canada en 2002.

Membre du cercle d'excellence du réseau de l'Université du Québec, et détentrice de la prestigieuse Médaille UQTR 2020, Sylvie Deslauriers a reçu plusieurs prix et récompenses, en tant que professeure et en tant qu'auteure de nombreux textes et volumes. Elle est la récipiendaire, en 2016, du Prix d'excellence en enseignement L.S. Rosen décerné par l'Association canadienne des professeurs en comptabilité. Cet organisme l'a également honorée à deux reprises, en 2015 et 2016, en lui décernant le Prix Howard Teall sur l'innovation dans l'enseignement de la comptabilité.

Outre l'obtention du Prix d'excellence en enseignement universitaire de l'Ordre des comptables agréés du Québec en 2009, ainsi que le Prix institutionnel de reconnaissance en enseignement de l'UQTR, en 2001, les écrits de Sylvie Deslauriers ont été récompensés à deux reprises, en 2003 et en 2010, dans le cadre du Concours annuel des Prix du ministre de l'Éducation.

TABLE DES MATIÈRES

TABLE DES MATIÈRES (suite)

INTRODUCTION

On voit souvent à tort la comptabilité comme un domaine difficile à comprendre, certains diront ennuyeux, réservé aux experts. Pourtant, s'il y a bien une chose inévitable pour tout le monde, c'est la gestion de ses affaires. La comptabilité, dans ses notions de base, a le potentiel d'offrir de bons outils pour gérer ses finances au quotidien.

Le volume *Votre argent : Chaque décision compte* s'adresse à toute personne qui souhaite améliorer ses connaissances. Il contient des notions comptables fondamentales, présentées d'une manière compréhensible et accessible à tous. Le but étant de stimuler l'éveil d'une prise de conscience financière. *Votre argent : Chaque décision compte* explique la logique inhérente aux concepts de base de la comptabilité en les illustrant par des exemples, des tableaux et des figures. Pour votre bénéfice personnel, les concepts et termes comptables sont légèrement soulignés.

> **Qui s'intéressera à la gestion *de votre argent*
> *si vous* ne le faites pas?**

Au-delà des chiffres, les notions comptables guident vers la réflexion financière. Leur compréhension et leur application aident à faire des choix éclairés. *Votre argent : Chaque décision compte* est un volume qui favorise l'autonomie pour être davantage au fait de ce qui se passe dans vos affaires. Il sera alors plus facile d'échanger avec un conseiller financier ou avec le comptable qui prépare vos déclarations fiscales.

> **Travailleur autonome – Jeune entrepreneur**
>
> Pour les personnes désirant œuvrer en tant que travailleur autonome ou en tant que jeune entrepreneur[1], *Votre argent : Chaque décision compte* présente certaines notions essentielles. Dans un encadré à part, les commentaires complètent le texte en faisant ressortir les caractéristiques de base liées à l'entreprise individuelle. Le propriétaire d'une telle entreprise étant fort souvent celui qui la gère.

Bonne lecture!

---

1   Le volume *Attitudes d'Entrepreneur* inscrit en bibliographie guide l'entrepreneur vers la réflexion quant aux comportements à adopter dans l'entrepreneuriat.

LES REVENUS ET LES DÉPENSES

« Mieux contrôler ses coûts,
pour être moins vulnérable aux aléas financiers. »

LES REVENUS ET LES DÉPENSES

LES REVENUS

Il est important de connaître la nature et l'ampleur de ses revenus afin de pouvoir préciser les montants dont on dispose. C'est une étape préliminaire à la détermination des dépenses qui peuvent être effectuées, en fonction de ses besoins et objectifs financiers.

> **ON PART DU REVENU**
> pour planifier les dépenses, rembourser les dettes, puis épargner,
> **ET NON L'INVERSE.**

Le revenu fixe

On peut considérer que le revenu fixe, soit le montant après les déductions habituelles (montant net), régulièrement reçu, quelle que soit sa source, constitue le revenu de base. Quel est le montant, par semaine ou par mois, sur lequel on peut compter à coup sûr? Cela comprend la paie pour les salariés ainsi que toute autre entrée de fonds, telle que la pension alimentaire et les prestations fiscales. Pour certains, le revenu est stable tout au long de l'année. Pour d'autres, lorsque la paie varie selon le nombre d'heures travaillées, par exemple, il est utile d'estimer le montant minimum que l'on s'attend à recevoir de son travail.

L'employé qui reçoit un salaire de son employeur verra le montant brut qui lui est alloué diminuer de plusieurs déductions à la source (DAS). L'employeur prélève ainsi diverses sommes pour le compte de l'État, ce qui inclut l'impôt sur le revenu. Il peut également prélever les sommes requises par le syndicat, les assurances collectives ou le fonds de pension. **Toute planification financière part des montants nets, tout simplement parce qu'il s'agit de la somme disponible.** Dans certaines situations, le revenu varie d'une saison à l'autre. Un employé du secteur du tourisme, par exemple, aura probablement davantage de revenus de mai à octobre. Lorsque le revenu diffère d'une période à l'autre, la planification financière doit s'ajuster à ces variations d'entrées de fonds.

Beaucoup de personnes sont payées toutes les deux semaines, disons à minuit tous les deux mercredis. Comme il y a vingt-six périodes de paie sur douze mois, cela signifie qu'il y a trois périodes de paie pour deux mois par année. Ces mois sont intéressants, car il y a davantage de revenus pour approximativement les mêmes dépenses. L'arrivée de ces deux mois devrait avantager le solde de votre compte bancaire en dégageant un plus grand surplus qu'à l'accoutumée. Quant aux personnes qui reçoivent un revenu mensuel fixe, tel un revenu de pension, l'arrimage entre les revenus et les dépenses demeure essentiellement mensuel. Mentionnons aussi que certaines déductions prélevées à la source, tels le régime des rentes du Québec et l'assurance-emploi, sont soumises à un maximum annuel. Ne soyez pas surpris de constater que les dernières paies de l'année sont d'un montant net un peu plus élevé. Cela reviendra à la normale dès janvier.

Le revenu supplémentaire

Au-delà du montant de base sur lequel on peut essentiellement compter, certains revenus supplémentaires ou revenus d'appoint peuvent être reçus. Les heures de travail en supplément ou le contrat que vous avez accepté en sus de votre travail habituel en sont des exemples. Ces revenus additionnels peuvent évidemment améliorer votre situation financière. Toutefois, puisqu'ils ne sont pas récurrents, je suggère de les traiter à part. Les considérer comme un revenu de base essentiel est une attitude risquée. Faire dix heures de travail supplémentaires de temps à autre ou le faire toutes les semaines, ce n'est pas la même chose. Il revient à chacun d'évaluer sa capacité et de faire ses choix, en gardant en tête qu'une certaine marge de manœuvre face aux imprévus (ex. perte d'un contrat, maladie, fatigue) est toujours souhaitable.

Travailleur autonome – Jeune entrepreneur

Il faut distinguer les revenus générés par l'entreprise des autres types de revenus (ex. revenus de placement). Certes, on pourrait dire que les deux ne font qu'un. Un photographe, par exemple, considère probablement ses revenus de photographie comme étant des revenus lui appartenant. Il a raison. Toutefois, pour fins de planification (et d'imposition fiscale), les revenus de son entreprise de photographie devraient être isolés de ses revenus personnels.

Afin de pouvoir dresser un état des résultats des activités de l'entreprise, et dégager le bénéfice net, on fera de même avec les dépenses.

LES DÉPENSES

Il est indispensable de comprendre la nature de ses dépenses afin de faire des choix éclairés. On constate régulièrement que les dépenses prennent facilement le dessus sur les revenus d'où la nécessité d'une réflexion sur ce que l'on fait de notre argent. Avant de discuter budget, sujet de la section suivante, il faut identifier où l'on peut agir.

Les coûts fixes

Par définition, un coût fixe est une dépense qui revient à intervalle régulier, le plus souvent mensuellement. Le prix du loyer ou le forfait de base du cellulaire en sont des exemples. Quels que soient les revenus, les dépenses fixes doivent être payées avec régularité. On dit de ces dépenses qu'elles sont stables pour une période donnée, très souvent pour un an ou pour la durée d'un contrat. Le prix du loyer étant, en effet, habituellement fixé pour douze mois; le forfait de base du cellulaire pouvant, quant à lui, être fixé pour un, deux ou même trois ans.

Tableau 1
Exemples de dépenses fixes

- Alimentation (montant de base)
- Habitation

Logement	Propriété résidentielle
- Montant du loyer - Électricité et chauffage - Autres (ex. stationnement, buanderie)	- Versement hypothécaire* - Électricité et chauffage - Taxes foncières - Réparations courantes

- Déplacements (transport en commun ou versement mensuel pour l'auto, essence, stationnement, entretien et réparations)
- Assurances (biens, responsabilité, auto)
- Communications (téléphone, Internet)
- Santé (médicaments, traitements, soins personnels)

* Ce versement « fixe » comprend une portion « intérêt » ainsi qu'une portion « capital ». Nous reviendrons sur cet aspect un peu plus loin dans la section Le financement (p. 36).

Les coûts fixes sont donc, par définition, des dépenses obligatoires dans le sens où il faut les payer, beau temps, mauvais temps. Les revenus ou les rentrées de fonds peuvent augmenter ou diminuer au fil du temps, mais les frais fixes, eux, demeurent. La considération du montant de ce type de dépenses (sorties de fonds), disons par mois, permet une meilleure compréhension de ses besoins financiers. La nature et l'ampleur de ces coûts indispensables à couvrir varient d'une personne à l'autre. On y ajoutera le paiement des frais de garde, par exemple, ou le remboursement du prêt étudiant. En outre, certains coûts fixes ne sont payés qu'une fois par année, tels le coût des plaques d'immatriculation ou l'adhésion annuelle à un club. On devrait d'ailleurs en faire une liste à part afin de ne pas oublier de les prendre en compte.

> **Des dépenses fixes élevées exigent des rentrées de fonds élevées.**

Travailleur autonome – Jeune entrepreneur

Il faut séparer les coûts fixes personnels des coûts fixes de l'entreprise. C'est facile à faire lorsqu'on loue un local distinct pour son commerce, par exemple. Or, il arrive fréquemment que des dépenses par nature fixes servent à la fois la vie personnelle et la vie d'affaires. Un massothérapeute qui utilise l'une des pièces de son logement pour recevoir ses clients, par exemple, peut considérer qu'une partie du loyer, qui est fixe, sert l'entreprise.

Pour toute dépense commune, il faut se pencher sur l'allocation entre les deux volets. Je suggère d'identifier une mesure simple et justifiable. Par exemple, le nombre de mètres carré (m^2) de la pièce dédiée à l'entreprise par rapport au nombre de m^2 total de l'habitation peut servir à déterminer la proportion du loyer et des frais d'électricité correspondant à des dépenses d'affaires. Ou encore, le nombre de kilomètres (km) parcourus aux fins du travail, combiné aux taux par km en vigueur.*

Type de coûts fixes	Personnel	Entreprise
Coûts fixes exclusivement pour fins personnelles	100 %	–
Coûts fixes exclusivement pour l'entreprise	–	100 %
Coûts fixes communs	% selon allocation raisonnable	% selon allocation raisonnable

* À titre d'exemple, le taux des allocations pour frais d'automobile pour l'année 2020 est de 0,59 $ / km pour les premiers 5 000 km parcourus et de 0,53 $ / km pour tous les km parcourus suivants.
Source : Revenu Canada.

Il va de soi que les revenus doivent être suffisants pour couvrir tous les coûts fixes ainsi que les coûts discrétionnaires abordés ci-dessous. **Plus les dépenses fixes augmentent, moins il en reste pour les autres dépenses.** En être conscient permet de bien évaluer l'impact de toute variation de ces coûts. Avant de prendre un engagement qui augmente le niveau des dépenses fixes, il faut bien comprendre son incidence sur le quotidien financier. Habiter un logement à 700 $ par mois qui fait l'affaire – alors qu'on aurait pu louer un logement à 1 000 $ – augmente la marge de manœuvre de 300 $. C'est une question de choix. On peut ainsi se permettre un bon resto de temps en temps, sans vider son compte de banque, tout simplement parce les coûts fixes sont plus bas.

Les coûts discrétionnaires

Par définition, un coût discrétionnaire est une dépense laissée à sa discrétion, c'est-à-dire que l'on choisit de la faire ou non. Et si oui, on choisit également son ampleur. En d'autres termes, ce sont des dépenses facultatives, effectuées au gré de ses désirs et de ses champs d'intérêt. On dit parfois qu'on ne contrôle pas les coûts fixes – ou qu'on le fait à des moments ciblés – mais qu'on peut contrôler les coûts discrétionnaires. Puisque ces dépenses sont variables – à la hausse ou à la baisse – elles déterminent la capacité de balancer les comptes ou d'épargner.

Tableau 2
Exemples de dépenses discrétionnaires

• Habillement (vêtements, buanderie)
• Soins personnels (esthétique)
• Divertissements (spectacles, restaurants)
• Activités sportives (tennis, golf, natation)
• Vacances et Voyages

Vous avez peut-être remarqué que la liste d'exemples de dépenses fixes du Tableau 1 ne comprend pas de rubrique Divertissements ni de rubrique Habillement. C'est que, dans une perspective purement rationnelle, on pourrait vivre sans cela, du moins en partie, pendant un certain temps. Autrement dit, ce n'est pas de première nécessité. Bien que l'on reconnaisse qu'un rendez-vous chez l'esthéticienne, qu'une sortie au cinéma ou qu'un nouvel habit de soirée puisse bénéficier au moral, il n'en demeure pas moins que ces dépenses ne sont pas obligatoires et qu'elles doivent être analysées comme telles. Elles résultent d'un choix. Le fait qu'elles fassent partie des habitudes de vie peut laisser penser – à tort – que ce sont des coûts fixes. Il faut aussi comprendre que **les dépenses qu'on pourrait éviter, mais qu'on choisit néanmoins de faire**

aujourd'hui pourraient entraver le plaisir de demain. D'où la nécessité d'analyser ses dépenses discrétionnaires, car il faudra éventuellement choisir entre différents désirs. Nous reviendrons sur le bien-être financier dans la section L'épargne et les placements.

L'idée première des propos précédents est de vous sensibiliser à faire la différence entre ce qui est essentiel et ce qui ne l'est pas. Il faut observer sa consommation avec objectivité et séparer ce qui est fixe de ce qui est discrétionnaire. La question clé est la suivante : si quelque chose d'imprévu provoquait une baisse de vos revenus, ne serait-ce que temporairement, quelles seraient les premières dépenses à éliminer? Les dépenses discrétionnaires, car elles peuvent être priorisées, diminuées, évitées ou retardées.

> **Rien à faire, 2 + 2 ne font pas 5.**

Prendre conscience des choix que l'on fait dans nos dépenses (ou nos non-dépenses) discrétionnaires est un premier pas vers un plus grand contrôle de ses finances. L'intention ici n'est surtout pas de porter un jugement de valeur sur les dépenses d'une personne ou d'une autre. Ce qu'une personne juge essentiel pour elle-même peut ne pas l'être pour une autre personne et vice versa. Vous remarquerez ainsi que la rubrique Soins personnels figure dans les deux tableaux. La partie qui vous est essentielle devient *pour vous* un coût fixe (Tableau 1). La partie qui ne vous est pas essentielle est *pour vous* un coût discrétionnaire (Tableau 2). Il faut à tout le moins prendre conscience que de **considérer des éléments discrétionnaires comme des dépenses fixes met de la pression sur vos liquidités.**

Lorsque les coûts augmentent, la tendance est de chercher à augmenter ses revenus ou à se servir du crédit. Comme le premier ne se fait pas si facilement ni si rapidement, plusieurs se tournent vers le deuxième, ce qui représente une pratique risquée. Nous reviendrons un peu plus loin, dans la section Le financement (p. 31), sur les risques liés à ce type de réaction. Beaucoup d'intervenants du monde financier s'entendent d'ailleurs pour dire que le niveau d'endettement des ménages est actuellement beaucoup trop élevé, voire alarmant.

Mentionnons finalement que certaines dépenses peuvent contenir à la fois une composante fixe et une composante discrétionnaire. Il en est ainsi d'un forfait de base auquel s'ajoute un montant calculé d'après le nombre de minutes (ex. appels interurbains) ou le nombre de kilowatts (ex. électricité). Pour fins d'analyse, on sépare alors le montant de la dépense entre chacune de ses parties.

Travailleur autonome – Jeune entrepreneur

Outre les coûts fixes, on remarque la présence de coûts variables dans toute entreprise. Ces derniers se distinguent des coûts discrétionnaires en ce sens qu'ils doivent être obligatoirement engagés dans la prestation de services ou la fabrication de produits. Les coûts variables varient en fonction du niveau d'activités.

Il est important de séparer les deux types de coûts afin de mieux planifier et contrôler les finances. Une entreprise qui cuisine des plats préparés, par exemple, devra considérer le coût variable (ex. nourriture, manutention, emballage) de chacun des plats qu'elle offre. Davantage de plats signifient davantage de coûts. On pourrait calculer en moyenne un coût de 3 $, par exemple, par plat ou de 30 $ par lot de 10 plats. Le coût est variable puisqu'à la limite, une période sans production n'occasionne aucune dépense variable. Les coûts fixes (ex. assurances), comme mentionné ci-dessus, devront quant à eux être déboursés, quel que soit le niveau de revenus.

Type de coûts	Comportement	Montant
coûts fixes	stable*	global
coûts variables	↑ ou ↓ selon production	par unité**
coûts discrétionnaires	au choix	global

* En réalité, et cela dépasse le cadre du présent ouvrage, les coûts fixes peuvent être appelés à varier. Un commerce, par exemple, qui agrandit sa superficie d'affaires, verra ses coûts fixes de loyer, de taxes ou d'électricité augmenter.

** Il peut s'agir d'un nombre de plats, d'heures, de kilogrammes, de lits, de litres, etc.

L'efficacité et l'efficience

Deux mots qui se ressemblent, souvent utilisés en tant que synonymes, mais qui ne veulent pas tout à fait dire la même chose. En comprendre la nuance aide à mieux définir les moyens de réaliser et d'atteindre ses buts.

Une personne pourra se considérer comme efficace si elle atteint ses objectifs personnels. La réussite d'un cours du soir, par exemple, ou la finalisation d'un projet au travail. Par ailleurs, chaque étape d'un objectif plus global peut être considérée individuellement. C'est plus encourageant. Chacun des cours d'un programme de formation étant une étape à réussir, par exemple. S'est-on rendu là où l'on voulait aller? Prenons l'exemple simple d'un déplacement entre Montréal et Québec. L'efficacité est d'arriver à Québec comme prévu.

Figure 1[2]
Illustration de l'Efficacité et de l'Efficience

Une personne efficiente est quelqu'un qui choisit le meilleur moyen d'atteindre ses objectifs. Pas nécessairement le moins long ni le moins coûteux, mais le plus efficient. Si l'on souhaite se rendre à Québec dans un délai raisonnable, on pourra le faire en automobile (voiture personnelle, de location ou en autopartage), en autobus, en motocyclette ou en avion. Dans ce cas-ci, ce ne sera certainement pas à vélo, choix qui ne sera même pas envisagé vu la contrainte de temps. Le vélo s'avérera peut-être le choix le plus efficient si l'objectif est de se rendre à Québec en vivant une expérience sportive. L'idée de l'efficience est de choisir le moyen qui assurera l'atteinte de ses objectifs en tenant compte du niveau de consommation des ressources.

Vous aurez compris que le choix du moyen à envisager est personnel à chacun, en fonction de ses capacités, de ses contraintes et de ses valeurs. Les options ci-dessus énumérées pour se rendre à Québec n'étant pas disponibles à tous. L'efficience est de choisir le moyen qui vous apportera le plus, dans l'atteinte du résultat final. Faire d'une pierre deux coups en profitant de ce déplacement pour visiter une amie augmente l'efficience… tout en maintenant l'efficacité, soit d'arriver à Québec.

---

2   Source de la carte géographique : https://mern.gouv.qc.ca/territoire/portrait/ portrait-quebec.jsp.

> **Efficience → Obtenir le résultat visé avec le minimum de ressources**

Vous aurez également compris que la définition de ce qui est le meilleur ne fait pas seulement appel à des considérations monétaires. Il y a des éléments financiers, bien sûr, tels que le coût du déplacement ou l'usure du véhicule. Il y a aussi des éléments non financiers, tels que les effets sur l'environnement, la fatigue ou l'agenda. Prendre l'autobus, par exemple, est moins fatigant et permet d'occuper son temps à lire, revoir un dossier ou tout simplement dormir. C'est néanmoins plus long, et peut-être moins confortable.

Travailleur autonome – Jeune entrepreneur

Dans l'entreprise, l'efficacité est régulièrement questionnée. On se demande si l'objectif quant au volume des ventes ou quant au nombre de nouveaux produits a été rempli, par exemple. Ce n'est toutefois pas aussi systématique au sujet de l'efficience.* Lorsque l'objectif est atteint, pourquoi se questionner sur les moyens utilisés? Tout simplement parce qu'il est rentable de prendre les moyens qui rapportent le plus (ou dépensent le moins), compte tenu des efforts engagés.

$$\text{Efficience} = \frac{\text{ce qui est utilisé/remis}}{\text{ce qui est reçu}} = \frac{\text{Intrants}}{\text{Extrants}}$$

Pour un extrant donné, comme l'obtention d'un lot de savons, par exemple, il faut calculer les intrants nécessaires, soit les ressources techniques, financières et humaines. On vise en général la réduction de ce ratio : obtenir le maximum d'extrants pour les intrants utilisés, ou encore, utiliser le minimum d'intrants pour un même extrant. On cherche ainsi à fabriquer un lot de savons en évitant le gaspillage, dans le maintien de la qualité du processus de fabrication.

* Le volume Attitudes d'Entrepreneur traite avec plus de profondeur de cette notion de l'efficience.

L'économie

L'économie, dans le sens des activités de la vie courante, consiste à chercher la réduction du coût de ses dépenses. Comme discuté ci-dessus, il n'est pas impossible, mais plus difficile d'effectuer des économies sur les coûts fixes qui sont, par définition, fixés par des considérations extérieures difficiles à changer, du moins à court terme. Certes, on peut envisager de déménager dans un logement moins dispendieux, par exemple, mais cela ne se fait pas du jour au lendemain. En outre, une fois tous les coûts afférents additionnés (ex. déménagement, branchements), l'économie ne sera peut-être pas aussi élevée que prévu.

L'économie des coûts se fait essentiellement au niveau des dépenses discrétionnaires. On peut soit tout simplement couper ou diminuer ces dépenses, en particulier ce qui nous paraît moins essentiel, soit chercher à en réduire le montant. **Obtenir la même chose ou l'équivalent pour un moindre coût, c'est aussi de l'efficience.** L'objectif est tout de même atteint, soit l'achat d'un bien ou d'un service, mais avec un meilleur moyen. La Figure 2 illustre cet équilibre entre les notions d'Économie, d'Efficience et d'Efficacité (les 3E).

Figure 2
L'équilibre des 3E

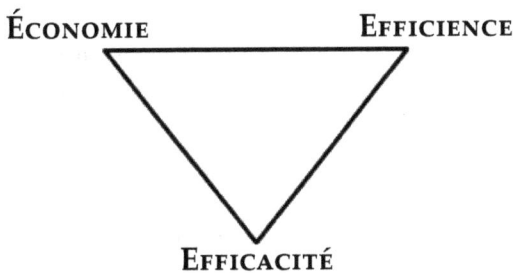

ÉCONOMIE   EFFICIENCE

EFFICACITÉ

Il existe plusieurs moyens d'économiser (Tableau 3). Certains sont plus profitables que d'autres et, évidemment, certains vous seront plus accessibles que d'autres. Acheter des biens usagés?[3] Cela fait partie des habitudes de consommation chez l'un, mais sera hors de question pour l'autre. Le but est de vous sensibiliser aux moyens qui sont à votre disposition pour réduire les coûts, tout en préservant le même bien-être. Pouvoir baisser le coût d'un voyage prévu dans les Caraïbes en faisant partie d'un groupe de voyageurs, par exemple, est une bonne idée. Pourquoi se priver d'économies faciles?

Économies = Ce que l'on évite de dépenser → Surplus

---

3   Habituellement, l'achat de biens usagés d'un particulier est exempt de taxes à la consommation. Cette épargne « supplémentaire » d'environ 15 % (TPS et TVQ) est un avantage non négligeable.

Tableau 3
Exemples de moyens pour réduire les coûts

- Négocier avec le fournisseur ou le vendeur
- Demander plus d'une soumission de prix
- Faire réparer ou remplacer les articles défectueux garantis
- Surveiller les promotions, rabais et escomptes
- Consommer pendant les périodes à achalandage réduit
- Profiter des avantages-étudiants ou des rabais 60+
- Explorer les options d'objets réutilisables plutôt que jetables
- Se questionner avant de consommer : « Est-ce que cette dépense en vaut le coût? »
- Prendre en note trucs et astuces

Compte tenu de ce qui précède, je désire toutefois établir quelques principes de base :

- Si l'on souhaite économiser, les économies ainsi faites devraient être utilisées pour payer certaines dettes ou pour épargner. Si elles servent à justifier des dépenses discrétionnaires supplémentaires, non essentielles de surcroît, l'objectif n'est pas atteint.

- L'achat en plus grande quantité doit être raisonné. On peut régulièrement payer moins cher par unité, par litre ou par gramme en augmentant la quantité achetée. Un paquet de 3 ou de 10? Le format familial? Il faut régulièrement prendre du recul et évaluer ses besoins. Lorsque l'achat mène vers une surutilisation ou vers le gaspillage, c'est contre-productif.

- Vouloir économiser demande parfois de la patience. Il faut attendre la venue d'une période de liquidation, par exemple, ce qui exige de la retenue lors du magasinage. Il faut également accepter le risque que le produit convoité (ex. couleur désirée) ne soit plus disponible.

- La fidélité envers un fournisseur est régulièrement payante. L'accumulation de points ou de remises sur une seule et même carte de crédit est habituellement plus rentable que de le faire sur trois cartes différentes. Certaines dépenses, faites au même endroit, vous permettent, par exemple, d'obtenir un meilleur prix sur l'ensemble de vos assurances ou de visionner des films gratuitement.

- Le consommateur a régulièrement la liberté de choisir où, quand et comment se procurer les biens et services désirés. La comparaison du prix demandé avec celui de la concurrence permet d'en confirmer – ou non – la raisonnabilité. Quel est le tarif horaire habituel d'un électricien? Se faire une idée à l'avance, en se donnant une base de référence, mène vers de meilleurs choix. Les revues et commentaires en ligne nous permettent aujourd'hui d'avoir une bien meilleure idée de la fiabilité et de la qualité d'un bien ou d'un service offert par une entreprise.

L'économie, effectuée au prix d'efforts raisonnables, vaut la peine. Les épargnes assainissent la situation financière et permettent de vivre le quotidien et d'entrevoir le futur avec plus de sérénité.

> **Dans l'atteinte efficace du but,
> entre deux moyens d'une efficience comparable,
> on devrait prendre le moyen le plus économique.**

Travailleur autonome – Jeune entrepreneur

Il est certainement possible et même suggéré à l'entrepreneur de chercher des moyens de réduire ses coûts. Puisqu'ils varient en fonction d'une unité donnée, la réduction des coûts variables unitaires provoque immédiatement une hausse des bénéfices. Compte tenu de la formule de l'efficience (p. 12), on cherche, par exemple, à réduire le coût de production par litre. Ceci étant dit, la considération d'aspects non monétaires doit également entrer en ligne de compte, tels la qualité du produit, la sécurité des employés ou le délai de livraison.

Quant aux coûts discrétionnaires, il faut bien comprendre leur nature avant de parler d'économie. Ces coûts comprennent, entre autres la publicité, la formation ou le développement de nouveaux produits. Certes, ils peuvent être diminués, éliminés ou retardés, mais ce n'est pas le sens de l'économie véhiculé ici. Choisir un outil promotionnel différent, efficace et moins coûteux? D'accord. Couper le budget promotionnel? Il faut y réfléchir à deux fois.

Le contrôle des coûts

Eu égard aux explications précédentes, on doit retenir que le contrôle des dépenses au quotidien se situe essentiellement au niveau des coûts discrétionnaires. On peut choisir ou non de les engager, car ce sont, du moins en partie, des coûts évitables. Deux étapes de réflexion peuvent vous aider dans l'évaluation de vos dépenses. Premièrement, il est utile de regarder le détail des dépenses passées, par catégories. La plupart des plateformes bancaires fournissent d'ailleurs cette information en ligne pour les transactions effectuées avec une carte de débit ou une carte de crédit. Combien dépensez-vous par semaine ou par mois en restaurants, en vêtements ou en loisirs? Combien dépensez-vous impulsivement, au gré du moment, sans que ce soit planifié? Lorsqu'on met les factures d'achats bout à bout, par type de dépenses, l'ampleur des sommes déboursées peut faire sursauter.

Deuxièmement, il est essentiel de s'interroger sur la nécessité de ses dépenses. Puis-je me priver de… ou choisir ceci plutôt que cela… n'est certes pas le comportement qu'on véhicule dans l'univers de la consommation qui nous entoure, mais ça demeure la base pour économiser. Pensez-y, il est préférable de faire de petits compromis maintenant, sur des dépenses discrétionnaires peu nécessaires, que de devoir faire de gros compromis plus tard, pour des éléments essentiels. Nous reviendrons sur cet aspect dans les sections suivantes.

Travailleur autonome – Jeune entrepreneur

Pour les aider à contrôler leurs coûts, plusieurs entreprises déterminent des standards. Il s'agit de valeurs de référence, exprimées en dollars, en unités ou en nombre d'actes ou d'étapes, qui permettent d'évaluer régulièrement l'adéquation des coûts engagés. On peut ainsi calculer qu'en moyenne, chaque commande à expédier par courrier requiert 15 minutes du temps d'un employé payé 20 $ l'heure, ce qui revient à 5 $ par commande. Outre son utilité dans la détermination des prix de vente, cette mesure, en minutes et en dollars, sert d'étalon de comparaison.

Lorsque la réalité sera différente de ce standard, on se posera alors des questions afin de comprendre, puis d'améliorer la situation. Quelle est la cause de l'écart? Est-ce que les commandes contiennent un plus grand nombre d'articles que prévu? Ou encore, est-ce que les nouveaux formats de boites accélèrent le processus d'emballage?

Écart par rapport au standard?

→ Se questionner → Prendre des mesures correctives

LA PLANIFICATION DES DÉPENSES

« Avancer, en étant conscient de ses possibilités. »

LA PLANIFICATION DES DÉPENSES

LE BUDGET

À lui seul, le mot budget fait grincer des dents bien des personnes. L'obligation de planifier ce que l'on fait avec ses revenus n'est pas toujours une tâche plaisante. D'une part, il semble parfois difficile de finir le mois avec ne serait-ce qu'un peu de liquidités en poche. D'autre part, devoir faire des choix est une limitation parfois difficile à accepter. La règle de base est simple : les dépenses ne doivent à tout le moins pas excéder les revenus. C'est ce qu'on appelle « joindre les deux bouts ». La préparation d'un budget, même si cela peut paraître ennuyeux, permet d'obtenir la juste mesure de sa capacité de dépenser.

> **Revenus > Dépenses = Surplus**
> **Dépenses > Revenus = Déficit**
>
> **Déficit = Dépenser au-delà de ses moyens**

Un budget est un outil de gestion indispensable à l'équilibre financier. Il permet de planifier où ira son argent en prenant des décisions éclairées. En outre, il permet d'établir clairement ses objectifs, notamment quant au remboursement des dettes et quant à l'accumulation de l'épargne qui sert vos projets. On peut le construire soi-même, en créant un tableau, ou remplir l'un des nombreux formulaires disponibles sur le Web[4]. Il est important d'être conscient des revenus à venir et des dépenses et paiements à couvrir. À ce point-ci, mes propos portent essentiellement sur les activités de la vie courante à budgéter, répétitives et à court terme (quelques mois, voire un an). Je reviendrai plus loin sur les acquisitions plus importantes et moins fréquentes, comme l'achat de meubles ou le remplacement des fenêtres de la maison.

Le cadre du budget

Le budget annuel se découpe habituellement en mois, tout simplement parce que les mensualités font partie intégrante de notre vie. L'idéal est de pouvoir visualiser ce que les douze prochains mois vous réservent.

---

4   Certains sites Web permettent le téléchargement d'un document budgétaire prérempli dans lequel il suffit d'entrer les chiffres correspondant à différentes rubriques pour que tout se calcule automatiquement.

C'est de la planification à court terme. Couvrir une année entière permet d'intégrer les revenus et les dépenses, qu'ils soient réguliers (ex. alimentation) ou sporadiques (ex. frais de dentiste). Cela permet également d'incorporer tous les événements présents dans un cycle annuel, comme les vacances et les diverses fêtes.

Je suggère de séparer les dépenses en catégories, comme montré dans les Tableaux 1 et 2 (p. 6 et 8), en détaillant plus que moins. La rubrique Divertissements, par exemple, peut être séparée entre restaurant et spectacle. Puisque leur nature diffère, je suggère naturellement de séparer les dépenses fixes des dépenses discrétionnaires. Les coûts fixes sont facilement prévisibles puisqu'ils sont stables dans le temps. Quant aux coûts discrétionnaires, jusqu'à un certain point contrôlable, ils exigent un questionnement quant à leur nécessité et leur ampleur.

Tableau 4-1
Exemple n°1 de cadre budgétaire

Rubrique / Période	janvier	février	...	décembre
REVENUS				
Revenus d'emploi (net)	$$	$$		$$
Allocations familiales	$	$		$
Prestations d'assurance-emploi				
...				
Total des revenus	$$	$$		$$
DÉPENSES				
FIXES (Tableau 1)				
Alimentation	$	$		$
Habitation	$$	$$		$$
Santé	$	$		$
...				
DISCRÉTIONNAIRES (Tableau 2)				
Habillement	$	$		$
Restaurants	$	$		$
Activités sportives	$	$		$
...				
Total des dépenses	$$	$$		$$
EXCÉDENT (ou déficit)	$	$		$

Inscrivez *toutes* les dépenses prévisibles, même celles qui sont occasionnelles (ex. inscription à une activité de loisir) dans la période où elles seront payées. Le changement de pneus au garage prévu en novembre, par exemple, est une dépense à prévoir à ce mois. Rien ne vous empêche toutefois de mettre régulièrement de côté une partie de la somme nécessaire dans les mois précédents, question de minimiser l'impact de cette sortie de fonds inhabituelle. La préparation d'un budget détaillé permet de s'assurer que tout excédent budgétaire sert vraiment les fins souhaitées, c'est-à-dire l'atteinte de vos objectifs. Pour un budget plus précis, pensez à inclure les taxes à la consommation (TPS et TVQ). En somme, tentez de tout prévoir pour minimiser autant que possible les mauvaises surprises.

Il existe de nombreuses façons de préparer et présenter un budget. C'est une question de choix et de besoins. Certaines personnes ont des revenus et des dépenses plus variables et imprévisibles, tel un travailleur contractuel. Ces personnes pourraient vouloir privilégier un budget sous forme d'intervalles (Tableau 4-2) ou le présenter par trimestre. Je privilégie personnellement la préparation d'un tableau, qui facilite grandement la lecture de ce qui se passe. En outre, c'est motivant d'y intégrer un objectif (ex. achat d'un chalet) qui montre le suivi de l'épargne disponible à ce projet de vie. Quoi qu'il en soit, mentionnons qu'il existe plusieurs moyens de rendre la préparation et l'usage d'un budget plus convivial. Certains y mettent de la couleur : vert pour les dépenses obligatoires et jaune pour les dépenses discrétionnaires, par exemple. D'autres vont inscrire un rappel des montants budgétés de la semaine sur leur calendrier, leur frigo ou dans leur mobile. Le montage du budget à l'ordinateur en accélère certainement sa préparation.

Tableau 4-2
Exemple n°2 de cadre budgétaire

Intervalle / Rubrique	janvier		février	
	minimum	maximum	minimum	maximum
REVENUS ...	$$	$$		$$
Total des revenus	$$	$$		$$
DÉPENSES				
FIXES ...		$		$
DISCRÉTIONNAIRES ...	$	$		$
Total des dépenses	$$	$$		$$
EXCÉDENT (ou déficit)	$	($)		$

Les excédents devront être attribués au remboursement des dettes et à l'accumulation de l'épargne.

Une fois le premier budget établi, son cadre sert de modèle pour les suivants. On ajuste alors ce modèle au gré des événements qui surviennent, puis on l'améliore avec l'expérience. Il existe une notion que l'on appelle le budget à base zéro. Fondamentalement, il s'agit d'éviter le report automatique des montants de dépenses prévues au budget d'une période à l'autre. Au lieu, par exemple, de reprendre le montant prévu en loisirs de l'an dernier et de le reporter tel quel au budget de l'année qui vient, on revisite la justesse du montant à prévoir. C'est comme partir de zéro dans l'objectif de s'assurer du bien-fondé continuel de ses dépenses. En se questionnant ainsi, on évite de reconduire à l'agenda des dépenses évitables, qui ne contribuent pas à l'atteinte de nos objectifs.

Travailleur autonome – Jeune entrepreneur

Le budget d'une entreprise démarre avec la prévision du chiffre des ventes. Une prévision réaliste et sensée, ni trop optimiste ni trop pessimiste. Il n'est d'ailleurs pas rare d'envisager deux scénarios, soit les deux extrêmes d'un intervalle objectif des prévisions de ventes. Le budget se présente alors en deux colonnes (Tableau 4-2).

Les dépenses sont par la suite séparées en diverses catégories : fabrication, vente, administration, financement. On distingue naturellement les coûts fixes des coûts variables. Ces derniers, comme on le sait, dépendent du niveau d'activités déterminé par la prévision des ventes (revoir p. 10). Les coûts discrétionnaires, telle la dépense de publicité, pourraient également faire l'objet d'une prévision selon un intervalle.

Je suggère finalement la mise en place d'un budget glissant ou budget continu qui consiste à ajouter le budget de la période suivante dès qu'une période se termine. Supposons que Daphné prépare un budget mensuel pour trois mois, disons janvier, février et mars. À la fin janvier, elle va enlever l'information de ce mois qui vient de se terminer pour y ajouter celle du nouveau mois, soit avril. La mise à jour du budget est ainsi planifiée et régulière.

Les estimations

Faire un budget nécessite parfois de faire des estimations. Le coût des prochaines vacances, par exemple, peut être difficile à évaluer. Dans ces circonstances, je suggère l'établissement d'un intervalle réaliste.

En se basant sur les informations les plus fiables possibles, on devrait arriver à estimer que la semaine de vacances dans le Maine coûtera vraisemblablement entre 1 700 $ et 2 000 $ (Tableau 4-2). Il est vrai, entre autres que le taux de change entre dollar américain et dollar canadien est difficile à prévoir. Toutefois, un simple coup d'œil au taux de change actuel vous permet de faire une prévision raisonnable. L'information est en mouvement constant, ce qui impose de faire au mieux avec ce que l'on connaît, au moment de la planification. Il est préférable de naviguer avec un montant estimé dans l'immédiat que d'avancer sans direction en attendant l'information exacte, laquelle risque d'être intégrée trop tard dans le processus de budgétisation.

À mon avis, l'établissement d'un intervalle plausible – sans exagération d'un bord ou de l'autre – favorise la précision des montants budgétés. Personnellement, par prudence, dans un intervalle de revenus donnés, je retiendrais au budget le montant minimal. Dans un intervalle de dépenses données, je retiendrais au budget le montant maximal. Cette sous-estimation « objective » des revenus et cette surestimation « objective » des coûts minimisent les surprises. Ce principe de prudence fournit un peu plus d'espace pour pallier les imprévus, s'il y a lieu. En outre, il me semble préférable de terminer l'année avec un excédent plus élevé que prévu au lieu d'un déficit. Que fait-on avec le surplus imprévu? Comme toutes les dépenses utiles ont été planifiées, ce montant devrait être transféré au remboursement des dettes ou à l'épargne afin d'atteindre plus vite ses objectifs.

Le suivi

Prendre le temps de préparer un budget implique également d'en faire le suivi. Il serait en effet peu utile de le construire pour ne plus y revenir par la suite. Réussir à respecter son budget avec rigueur est valorisant. En comparant ce qui s'est réellement passé avec ce qui était prévu, on effectue une analyse des écarts souvent fort révélatrice. C'est une mesure de contrôle financier. Lorsque l'ordre de grandeur d'un écart excède de plus de 5 % le montant initial, il faut se poser des questions. Est-ce que les prévisions sont constamment surestimées ou sous-estimées? Y a-t-il excès ou achats impulsifs? Lorsque les coûts réels sont constamment supérieurs aux coûts estimés, il faut revoir sa façon de consommer.

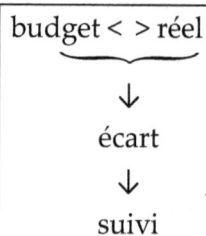

budget < > réel
↓
écart
↓
suivi

Certaines personnes préfèrent surestimer leurs dépenses, question de maximiser les probabilités de terminer la période avec un surplus budgétaire. Ce mode de fonctionnement est moins risqué et peut s'avérer encourageant. Toutefois, se priver à outrance peut être difficile pour le moral. À l'inverse, certaines personnes sous-estiment constamment leurs dépenses. Lorsque l'addition des factures se termine tous les mois par le double du montant prévu à la rubrique Restauration, par exemple, il faut y voir. Il y a soit un problème dans l'estimation, soit un problème dans la consommation. Il importe d'identifier la cause. Se retrouver avec un déficit constant est également difficile pour le moral.

Le budget oblige à réfléchir sur ses objectifs personnels et ses projets de vie. Que veut-on? Et, Comment s'y prend-on pour y arriver? À court, à moyen, et à long terme. L'acquisition d'une habitation, par exemple, nécessite une mise de fonds personnelle qui doit être planifiée. La retraite aussi, qui peut sembler loin pour certains, mais qu'il importe de garder en tête

OBJECTIFS
↓
BUDGET

dès maintenant. Établir des objectifs et les atteindre est gratifiant.

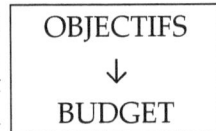

LA TRÉSORERIE

Jusqu'ici, j'ai utilisé les termes revenus et dépenses, respectivement pour ce qui entre et ce qui sort de votre portefeuille. L'usage des termes recettes (entrées de fonds) et déboursés (sorties de fonds) serait d'une plus grande précision. Dans les faits, pour être certain de ne pas manquer de liquidités, le budget doit faire l'appariement des recettes et des déboursés. Un revenu de commissions « gagné » en mai, par exemple, n'est pas nécessairement « reçu » en mai. S'il est reçu au cours du mois suivant, c'est dans le budget de juin qu'il devrait apparaître. Le même raisonnement s'applique aux dépenses. La dépense d'électricité, effectuée tous les deux mois, par exemple, entraînera une sortie de fonds un mois sur deux. Naturellement, l'individu inscrit au mode de versements égaux aura, quant à lui, une somme fixe mensuelle à débourser à son budget.

Tableau 5
Suivi du solde bancaire

	janvier	février	mars	...
SOLDE AU DÉBUT	$	$$	$$$	$$
EXCÉDENT (ou déficit) DU MOIS	$	$	($)	...
SOLDE À LA FIN	$$	$$$	$$	$$

Excédent budgétaire → Liquidités → Liberté d'action

Travailleur autonome – Jeune entrepreneur

Le décalage entre le revenu gagné et le revenu reçu caractérise les activités de la plupart des entreprises. L'entrepreneur effectue le travail, puis facture le client, qui paie, disons dans les 30 jours suivants. Toute planification financière doit donc absolument tenir compte de ce délai dans l'encaissement des sommes à recevoir.

RÉSULTATS : Revenus - Dépenses = Profit (ou perte)

LIQUIDITÉS : Recettes - Déboursés = Excédent (ou déficit)

Le propriétaire d'une entreprise doit bien souvent effectuer sa planification budgétaire en deux étapes. La première étape est de préparer un budget des revenus et des dépenses sans tenir compte du moment où les revenus sont encaissés et du moment où les dépenses sont payées (comptabilité d'exercice). La deuxième étape est de reprendre chacun des éléments précédents et de déterminer quels sont les recettes et les déboursés (comptabilité de caisse). Pour un entrepreneur, la gestion des liquidités via ce budget de trésorerie est cruciale. Naturellement, le budget personnel et le budget de l'entreprise doivent être préparés séparément.

La marge de manœuvre

La capacité financière que l'on a de faire face à une situation imprévue dépend de notre marge de manœuvre. De quels moyens financiers dispose-t-on pour réagir à une baisse imprévue des revenus? On ne le souhaite pas, mais la perte de son emploi ou un arrêt de travail pour cause de maladie, ne serait-ce que temporairement, peut survenir. Personne n'est vraiment à l'abri, peu importe sa position ou son salaire. Un dégât d'eau? Une fermeture d'usine? Un événement imprévisible menant au ralentissement de l'économie? Les choses ne sont pas nécessairement toujours stables. **Pourriez-vous « boucler vos fins de mois » si l'on diminuait vos revenus de 25 % pendant quelques semaines?** Il est pertinent de se poser la question et, si la réponse est négative, de penser revoir ses habitudes.

Certaines personnes ont un budget très serré qui leur laisse un faible surplus à la fin du mois, voire les maintient constamment dans un mode de dépenses à crédit. Il est difficile, parfois angoissant, d'être continuellement en attente de la prochaine paie. Plusieurs événements de la vie peuvent expliquer qu'une personne soit dans une situation de précarité et il est clair qu'il peut être difficile pour certains de cumuler quelques épargnes (revoir Tableau 3, p. 14). Toutefois, plusieurs individus bénéficient d'un revenu fort convenable compte tenu de leur situation de vie et n'épargnent tout de même pas. C'est bien souvent par simple habitude, soit celle de dépenser à la hauteur de ce qui est gagné. En procédant ainsi, ces personnes ne prennent simplement pas conscience qu'elles se verront limitées dans leur choix d'avenir : habitation, emploi, mode de vie. Il arrive d'ailleurs malheureusement souvent qu'une mauvaise budgétisation des dépenses mène vers le déficit chronique, qui sera alors couvert par une carte de crédit. Je reviendrai un peu plus loin sur l'usage de ce moyen de paiement (p. 31).

Il me paraît important et indéniablement utile d'avoir de l'argent de côté afin de pouvoir, s'il y a lieu, faire face aux imprévus. De nombreux spécialistes des finances se sont prononcés sur ce sujet, à savoir pendant combien de temps il faut être capable de subvenir à nos besoins en cas de perte de revenus. Mon expérience m'incite à recommander le maintien d'un coussin de sécurité d'environ trois mois. Ce coussin devrait à tout le moins permettre la couverture des frais fixes et d'une partie des frais discrétionnaires considérés comme étant « indispensables ». **À mon avis, les excédents budgétaires devraient en premier lieu servir à se monter un fonds d'urgence.**

Travailleur autonome – Jeune entrepreneur

Lorsqu'il s'agit d'une entreprise, on parle plutôt de marge de sécurité. On se demande ainsi combien de temps une entreprise pourrait survivre sans aucun revenu. Quels sont les coûts fixes à couvrir quoi qu'il arrive? Par expérience, étant donné la variabilité des revenus, je crois qu'un entrepreneur ou un travailleur autonome devrait bénéficier d'une marge de sécurité allant minimalement de trois à six mois; neuf à douze mois serait l'idéal.

On calcule aussi couramment le seuil de rentabilité (aussi appelé point mort) pour évaluer la capacité d'une entreprise à réaliser un profit. En cours de fonctionnement, l'entreprise doit s'assurer de couvrir les frais fixes et les frais variables qui, rappelons-le, varient avec le niveau d'activités. Ce seuil permet de déterminer le montant minimum de ventes nécessaire pour un profit de 0 $. Toute vente au-delà de ce point contribue à augmenter les bénéfices.

PROFIT = Ventes - Coûts fixes - Coûts variables

SEUIL DE RENTABILITÉ = Ventes minimales pour couvrir les coûts (fixes et variables)

Toute somme excédentaire au budget s'accumule dans le compte bancaire. Petit à petit, ces montants peuvent être utilisés pour payer les dettes, réaliser des projets ou faire des placements. Je vais revenir sur ce sujet dans une section ultérieure portant sur L'épargne et les placements (p. 49). Disons, pour le moment, qu'il est judicieux de placer tout excédent budgétaire dans un compte d'épargne ou dans un placement rachetable sur demande (accès aux fonds en tout temps). Il est d'ailleurs possible, avec la plupart des compagnies bancaires, de créer différents comptes comme suit : Épargne – Fonds d'urgence, Épargne – Aménagement du sous-sol, Épargne – Retraite. Cela rapporte un peu d'intérêts – pas beaucoup ces temps-ci, mais c'est mieux que rien –, et cela vous permet de réserver et de mieux organiser vos liquidités. Déterminer à quoi servira l'épargne aide à maintenir le cap sur ses objectifs.

> **Marge de manœuvre =**
> **Cumul des excédents des revenus sur les dépenses**

Je suggère de planifier les dépenses non récurrentes, d'un montant important, tels l'achat de meubles ou le remplacement de l'automobile. Certaines personnes attendent d'être devant la nécessité de l'achat pour se demander comment arriver à le payer. S'en suit une hausse importante de l'endettement qui se traduit par une augmentation des frais fixes. Cela me paraît d'autant plus important lorsque lesdites dépenses sont reliées aux loisirs (ex. véhicule récréatif). Sans nécessairement attendre d'avoir la totalité du coût d'achat en main, la mise de côté graduelle des surplus budgétaires à des fins précises et planifiées est fortement suggérée, en particulier si l'alternative consiste à effectuer des dépenses facilement évitables. En somme, **se priver maintenant d'éléments plus ou moins utiles peut nous éviter de devoir faire des choix difficiles plus tard.**

LA SITUATION FINANCIÈRE

Le bilan personnel ou l'état de la situation financière comprend la liste des actifs et des passifs d'un individu ou d'un ménage à une date donnée. On dit de cet état financier qu'il est le portrait du patrimoine. Les biens qui vous appartiennent sont vos actifs ou vos avoirs. Les sommes que vous devez sont vos passifs ou vos dettes. En temps normal, un individu devrait avoir davantage d'actifs que de passifs. La différence entre le total des deux correspond à l'avoir net (sa richesse) ou à la valeur nette. En temps normal, cette valeur nette devrait augmenter avec le temps. Vous comprendrez qu'une personne qui a davantage de passifs que d'actifs rencontre vraisemblablement de sérieux problèmes financiers.

ACTIFS → Ressources que l'on possède

PASSIFS → Emprunts que l'on doit régler

ACTIFS - PASSIFS = AVOIR NET (ou déficit net)

Le bilan personnel fournit de l'information à une date donnée. Cette référence est importante tout simplement parce que la situation financière peut varier d'une journée à l'autre. Le solde des comptes bancaires, par exemple, ou le solde dû sur les cartes de crédit est variable. Le montant sera respectivement plus élevé le jour de la paie ou moins élevé au lendemain du magasinage de la semaine. On dit ainsi du bilan que c'est une photographie prise à un moment précis. Les actifs du bilan sont habituellement présentés en fonction de leur liquidité, par catégories. En cas de besoin d'argent, il est naturellement plus rapide d'accéder à son compte bancaire que de vendre sa propriété. Cette logique s'applique également aux différents passifs. Les dettes les plus exigibles, devant être remboursées plus rapidement, viennent en premier. On dit d'ailleurs que les actifs et les passifs d'un bilan se présentent selon leur durée, du court terme au long terme.[5]

Tableau 6
Exemples d'actifs et de passifs d'un bilan personnel

ACTIFS	PASSIFS
• Solde des comptes bancaires	• Solde dû sur cartes de crédit
• Solde des comptes d'épargne	• Solde dû sur marge de crédit
• Biens personnels (ex. meubles, véhicules)	• Comptes à payer (ex. électricité)
• Placements (incluant les revenus gagnés)	• Prêts à terme (ex. automobile)
• Propriété résidentielle	• Prêt étudiant
• Immeuble locatif	• Emprunt hypothécaire

À quel moment est-il utile de préparer un bilan financier personnel? En fait, l'idéal serait de dresser un bilan financier chaque année. Pourquoi? Pour être conscient de ce qui se passe et planifier son avenir, notamment sa retraite. C'est de la planification à long terme. Au jour de la retraite, la valeur nette d'un individu – accumulée au fil du temps

---

5   On peut trouver sur le Web des formulaires de bilan personnel prêts à remplir.

– détermine son niveau de vie pour les années suivantes. En d'autres termes, l'écart entre la valeur nette actuelle et la valeur nette désirée à la retraite doit être comblé pendant les années de vie active. À l'aide du portrait financier, on peut donc mieux déterminer les besoins et les objectifs à atteindre. Nous reviendrons plus tard sur ce point (p. 52). Autre situation possible, soit lorsqu'un individu désire emprunter. Dans ce cas, la plupart des institutions financières vont demander un bilan, en sus d'un état des revenus et des dépenses. Cela leur permettra de voir si l'emprunteur a la capacité d'honorer les remboursements prévus. Dernière situation, lorsqu'une personne désire effectuer un changement de vie important. Caroline, par exemple, peut désirer retourner aux études pour exercer une autre carrière professionnelle. Sachant qu'elle dispose d'une valeur nette à son bilan de 150 000 $, elle peut ainsi déterminer si elle a la capacité de financer son projet.

Mentionnons finalement que les éléments compris dans le bilan, en particulier les actifs, doivent y figurer à leur juste valeur marchande. Cette valeur correspond au prix qui pourrait être obtenu dans une transaction entre deux parties raisonnables et indépendantes. Il ne s'agit pas de la valeur sentimentale ou de la valeur que l'on aimerait bien obtenir. Il s'agit plutôt d'une estimation plausible du prix de vente duquel on soustrait par la suite les frais nécessaires à la vente (ex. commissions) afin d'obtenir la valeur de réalisation nette. Vous comprendrez que la valeur de plusieurs biens personnels, comme les meubles, décroît avec le temps pendant que la valeur d'autres biens, comme les œuvres d'art, s'accroît. Il arrive donc qu'on ne prenne pas le temps de faire l'inventaire des biens personnels qui se déprécient, ou encore, qu'ils soient inscrits au bilan sans montant.

Travailleur autonome – Jeune entrepreneur

Toute entreprise doit au minimum préparer un bilan annuel, à la date de la fin de son exercice financier. Pour les entreprises non incorporées, cette date est généralement le 31 décembre, telle la fin de l'année civile. Le bilan d'une entreprise présente les actifs à leur coût d'origine et non à leur juste valeur. C'est le principe du coût historique.

Disons aussi que le bilan d'une entreprise est préparé distinctement du bilan personnel de son propriétaire. C'est le principe de la personnalité de l'entreprise. Ce qui est au nom de l'entreprise (actifs et passifs) apparaît dans le bilan de l'entreprise. On calcule en premier lieu l'avoir net (ou le capital) de l'entreprise. Par la suite, ce montant est reporté dans le bilan personnel du propriétaire à titre de Placement dans une entreprise.

LE FINANCEMENT

*« Il n'est pas approprié de s'endetter
pour financer les dépenses de nature courante. »*

LE FINANCEMENT

Comme présenté dans la partie La situation financière de la section précédente (p. 26), toute dette, peu importe sa forme ou ses conditions, fait partie des passifs dus par un individu. Le financement par emprunt consiste à obtenir de l'argent dans l'immédiat pour réaliser un projet ou une activité qui requiert des fonds qu'on ne possède pas. Emprunter, c'est s'endetter. Toute dette exige d'être remboursée un jour ou l'autre, en plus des intérêts qui s'accumulent au fil du temps, selon le **capital emprunté**, le **taux de financement** (taux d'intérêt) et la **période de remboursement** (durée). Le montant du remboursement régulier d'une dette est une sortie de fonds fixe et récurrente à prévoir au budget. Quand on parle de financement, l'une des règles fondamentales est l'appariement entre la nature de la dépense effectuée et le moyen utilisé pour la payer. Il est indispensable d'utiliser le financement à bon escient, en fonction de ses besoins, mais surtout en fonction de ses objectifs. La capacité d'emprunt, déterminée par la capacité de remboursement, est la toile de fond de toute décision de financement.

Emprunt aujourd'hui → Remboursement plus tard

Pourquoi discuter de financement avant l'épargne? Tout simplement parce qu'il est généralement prioritaire de rembourser certaines dettes avant de mettre de l'argent de côté. Il existe plusieurs types d'emprunts sur le marché, qui varient d'une institution financière à une autre. Je présente ci-dessous les caractéristiques et les conditions de base.

LE COURT TERME

Pourquoi s'endetter à court terme? Dans une logique comptable, c'est quelque chose à éviter autant que possible. Pour un individu, à moins de circonstances particulières et exceptionnelles, cela ne devrait pas arriver. Les besoins courants, dépenses fixes et discrétionnaires, devraient être couverts par les rentrées de fonds courantes. En d'autres termes, on ne paie pas son épicerie en augmentant ses dettes. De là l'idée de faire un budget, comme précédemment discuté dans la section La planification des dépenses (p. 18).

Besoin temporaire → Financement temporaire

La carte de crédit

Pourquoi utiliser une carte de crédit? Pour éviter d'avoir de l'argent dans son portefeuille ou pour pouvoir cumuler au même endroit ses dépenses. Quand on prend du recul, on constate que la carte de crédit est couramment utilisée comme un moyen de financement. Or, **la carte de crédit devrait plutôt être vue comme un mode de paiement.** C'est une nuance importante. À mon avis, toute somme portée au compte devrait être payée dans sa totalité dès qu'elle devient exigible. Ce faisant, aucun intérêt ne sera inscrit au relevé de la carte de crédit.

Certains disent que l'important est de rembourser le paiement minimum dû « pour maintenir sa cote de crédit[6] ». Ce n'est pas si simple. Se financer par carte de crédit est un moyen très dispendieux d'emprunter de l'argent. Les conditions sont intenables. L'intérêt facturé pour tout retard de paiement est à un taux très élevé qui tourne autour de 20 %. En outre, si le compte n'est pas entièrement payé à l'échéance, l'intérêt commence alors à se calculer dès qu'une opération d'achat est effectuée. Le délai de grâce, sans frais d'intérêt, entre la date où la transaction est portée au compte et la date d'échéance du relevé mensuel n'existant plus. Assurez-vous de placer un clignotant (ex. fonction « ajouter à mon calendrier ») quelque part pour vous rappeler de payer le solde complet de votre carte de crédit à l'échéance. Ou encore, acceptez que votre plateforme bancaire prélève automatiquement de votre compte bancaire ce qui est dû; du moins le montant minimal.

Figure 3
Extrait du relevé de compte d'une carte de crédit

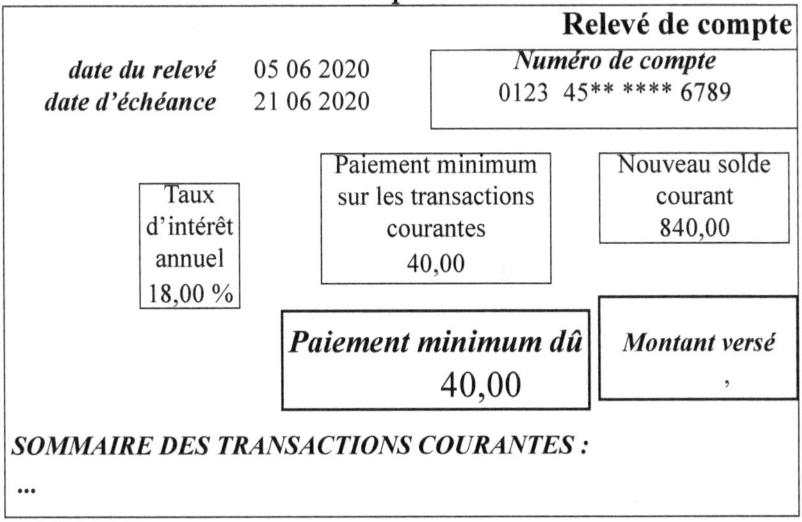

		Relevé de compte
date du relevé	05 06 2020	***Numéro de compte*** 0123 45** **** 6789
date d'échéance	21 06 2020	

Taux d'intérêt annuel 18,00 %	Paiement minimum sur les transactions courantes 40,00	Nouveau solde courant 840,00

Paiement minimum dû 40,00	*Montant versé* ,

SOMMAIRE DES TRANSACTIONS COURANTES :

...

6   La cote de crédit ou le pointage de crédit se calcule en fonction de la capacité d'un individu à gérer le crédit qui lui est attribué. Cette cote est un chiffre entre 300 et 900 où un pointage supérieur à 650 est considéré comme étant adéquat.

Au sujet de la cote de crédit, il est vrai que le paiement systématique du minimum dû la maintient à un niveau acceptable. Par contre, l'accumulation incontrôlée de dettes dégrade la situation financière, ce qui finit tout de même par affecter votre cote de crédit. Examinons l'extrait du relevé de compte d'Émilie reproduit à la Figure 3 de la page précédente. On y remarque tout d'abord le taux « de financement » de 18 %; taux extrêmement élevé. À titre de comparaison, vous verrez dans la section L'épargne et les placements (p. 57) qu'on utilisera un taux annuel de 1 % comme rendement sur vos épargnes à court terme. Quelle différence! On place les surplus à 1 %, mais on comble les déficits en empruntant à 18 %! Supposons qu'Émilie paie seulement le montant minimum requis, soit 40,00 $[7]. Faire ceci est **comme emprunter la balance du relevé de compte, soit 800,00 $, au taux d'intérêt de 18 %.**

Dans un mois, en supposant qu'Émilie n'effectue pas d'autres transactions avec sa carte de crédit, la dette de 800,00 $ augmentera d'environ 12,00 $ en intérêts (800,00 $ X 18 % / 12 mois), pour un cumulatif de 812,00 $ (Figure 4). Dans deux mois, cette dette augmentera d'environ 12,18 $ en intérêts (812,00 $ X 18 % / 12 mois), pour un cumulatif rendu à 824,18 $. À chaque mois qui passe, l'intérêt s'ajoute à la somme due, ce qui devient la base pour le calcul de l'intérêt du mois suivant. On paie alors de l'intérêt sur les intérêts, ce qui augmente le solde dû chaque mois. À 18 %, au bout d'un an, le solde impayé de 800,00 $ sera rendu à 956,50 $. C'est donc un cumulatif de 156,50 $ d'intérêts pour douze mois. Et, ce calcul n'est que pour la dette liée à la consommation d'un seul mois! Pour une seule carte de crédit!

Figure 4
Évolution des intérêts* payés au fil du temps

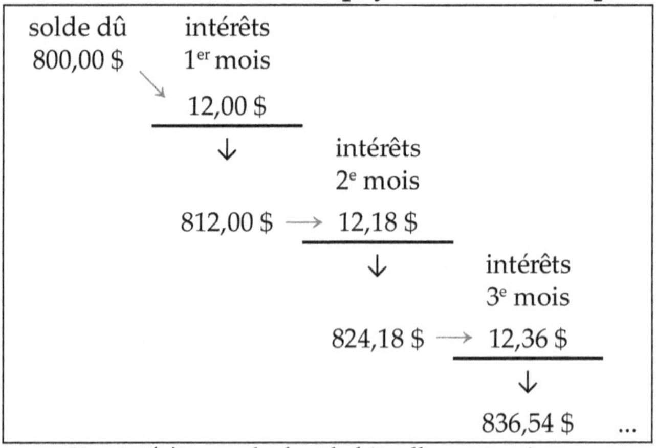

*Les intérêts se calculent habituellement en jours.

---

7 Il s'agit d'une approximation du taux de paiement minimum de 5 % exigé sur les contrats de carte de crédit signés depuis le 1er août 2019.

Vous direz peut-être qu'un montant de 12,00 $ ou de 12,18 $ n'est pas très élevé. Une fois n'est peut-être pas coutume, ou même deux. Sur ce point, voici quelques questions (Q) et réponses (R) intéressantes :

Q : Supposons qu'Émilie paie le montant minimum demandé tous les mois. Combien de temps lui faudrait-il pour rembourser le solde courant de 840,00 $? (Figure 3)

  R : Étant donné l'intérêt qui continue de s'accumuler au taux de 18 %, cela prendrait approximativement cinq ans et six mois. Oui, vous avez bien lu!

Q : Qu'en serait-il si Émilie continuait de porter environ 800,00 $ d'achats mensuellement sur sa carte de crédit, en ne payant que le paiement minimum dû chaque mois?

  R : Grosso modo, après 1 an, sa dette s'élèverait aux environs de 7 670 $, ce qui inclurait approximativement 790,00 $ en frais d'intérêt.

Q : Qu'arriverait-il si Émilie n'effectue aucun paiement à l'échéance?

  R : En n'effectuant pas le paiement minimum dû à l'échéance du compte mensuel, cela aura un impact négatif sur sa cote de crédit. Certaines institutions financières vont tout simplement bloquer le compte et aucun autre achat ne pourra y être porté. Être incapable d'effectuer le paiement minimum m'apparaît un signal clair qu'il est temps de s'interroger et de demander conseil sur la gestion de ses finances personnelles.

L'habitude de payer ses achats avec la carte de crédit sans la rembourser en totalité à la date d'échéance est malheureusement fort répandue. Lorsqu'on repousse de mois en mois les sommes dues, on se trouve à financer des dépenses courantes par une dette à moyen-long terme. Des personnes se retrouvent ainsi avec un problème financier qui se chiffre rapidement en milliers de dollars, dans l'impossibilité de régler la situation. Certains vont devoir envisager une consolidation de dettes (p. 47), alors que d'autres vont éventuellement devoir déclarer une faillite personnelle. Cela est d'autant plus dommage lorsqu'un individu se retrouve dans cette situation pour avoir fait des dépenses non essentielles ou sans prendre conscience de l'impact à plus long terme de l'utilisation de la carte de crédit en tant que moyen de financement. Pourquoi accepter la hausse de la limite de crédit proposée par l'institution financière si la limite actuelle dépasse déjà vos besoins? Compte tenu de la discussion précédente, vous comprendrez que l'offre est enrichissante pour les compagnies de finance, mais appauvrissante pour le consommateur.

En résumé, il est nécessaire, pour une santé financière saine, de s'assurer de sa capacité de payer les dépenses courantes. **Ces dépenses, qu'elles soient fixes ou discrétionnaires, doivent être couvertes par les revenus courants.** Je réitère donc l'importance de faire un budget, et de déterminer les montants que vous pouvez dépenser, afin de vous assurer de ne pas dépasser certaines limites. Se faire plaisir de temps en temps est sain. Il faut juste s'assurer que c'est en cohérence avec sa capacité financière et ses projets à plus long terme.

> **Faire la différence entre l'essentiel et le non essentiel, puis entre le nécessaire et le non nécessaire.**

La marge de crédit personnelle

Il est possible d'obtenir une marge de crédit auprès d'une institution financière. Cette forme de prêt consiste à accorder un accès rapide à une somme d'argent préapprouvée, disons 5 000 $, habituellement obtenue sans fournir de garantie. L'emprunteur peut donc, **selon ses besoins**, utiliser cette marge pour un montant variant de 0 $ à 5 000 $. Le taux d'intérêt est habituellement variable, fluctuant selon le marché, et se calcule en jours selon le montant ou capital emprunté. Dans ce contexte, supposons que Jonathan ait utilisé 1 000 $ de sa marge de crédit pendant 30 jours au taux de 8 %. Il devra ainsi payer 6,58 $ d'intérêts (1 000 $ X 8 % X 30/365 jours). Le taux d'intérêt de la marge de crédit personnelle est inférieur à celui de toute carte de crédit. Le remboursement de la somme empruntée sur la marge de crédit (principal) est « facultatif » dans le sens où il n'y a pas d'obligation de le faire tant que les intérêts sont régulièrement payés.

L'intérêt de la marge de crédit se calcule donc selon son utilisation. On emprunte 1 000 $ sur la marge de crédit : on paie les intérêts sur 1 000 $. On emprunte 3 000 $ sur la marge de crédit : on paie des intérêts sur 3 000 $. Pas d'emprunt, pas d'intérêt, et généralement pas de frais de service non plus. Les intérêts doivent habituellement être payés à la fin de chaque mois. Si l'on est contraint à emprunter pour des besoins à court terme, la marge de crédit est une option à explorer, car nettement moins désavantageuse que la carte de crédit. Entre deux sources de financement, prenez l'habitude de bien évaluer laquelle est la moins dispendieuse.

> **Avoir accès à une marge de crédit est une chose, l'utiliser en est une autre.**

Pourquoi faire appel à une marge de crédit? Disons tout d'abord que c'est un moyen de réduire le montant des intérêts. Payer le solde des cartes de crédit qu'on n'arrive pas à rembourser à la date d'échéance en utilisant sa marge de crédit réduit les frais financiers. C'est une solution temporaire, certes moins coûteuse, mais tout de même de nature temporaire. Comme mentionné ci-dessus, payer les dépenses de nature courante par carte de crédit ou par marge de crédit devrait être exceptionnel.

```
dettes
  ↓
bilan
personnel
```

Disons aussi que pouvoir compter sur une marge de crédit peut être utile dans certaines circonstances. Bien que j'aie suggéré la création d'un fonds d'urgence dans la section La planification des dépenses (p. 24-25), cela n'est pas toujours possible ou suffisant. La marge de crédit peut ainsi pourvoir lors d'imprévus. Certaines personnes demandent une marge de crédit à leur institution financière, mais ne l'utilisent pas. Cela les rassure sur la capacité de pouvoir obtenir rapidement de l'argent – accès rapide aux liquidités – pour couvrir leurs besoins de base, s'il y a lieu.

Travailleur autonome – Jeune entrepreneur

La plupart des entreprises ont recours à la marge de crédit commerciale ou la marge de crédit d'exploitation. La raison est fort simple : il y a une période de décalage entre les sorties de fonds et les entrées de fonds.* L'entreprise achète des marchandises, utilise des matériaux, puis embauche des employés afin d'exécuter le travail. Ce sont des sorties de fonds nécessaires à la production de biens ou la prestation de services.

Déboursés → Production → Facturation → Recettes

DÉCALAGE

L'entreprise facture ensuite le client, parfois au fil de l'avancement du travail, le plus souvent seulement à l'achèvement. Suivant la facturation au client, ce dernier peut prendre quelques jours ou un mois pour payer l'entreprise, parfois même soixante ou cent-vingt jours. Les entrées de fonds arrivent donc plus tard dans le processus (revoir p. 24). En d'autres termes, les dépenses doivent être payées *avant* que les revenus ne soient reçus d'où l'utilité, entre temps, d'une marge de crédit d'exploitation.

Le volume Attitudes d'Entrepreneur traite avec plus de profondeur de cette notion de décalage, ainsi que de l'impact sur la gestion des liquidités.

Quelle est la différence entre une marge de crédit personnelle et un prêt personnel? Le prêt personnel est plus « officiel » dans le sens où la somme, disons 5 000 $, est avancée dès le départ à l'emprunteur. On peut ouvrir une marge de crédit sans jamais l'utiliser. On ne peut pas contracter un prêt personnel sans emprunter. C'est un emprunt en bonne et due forme où des versements fixes et réguliers sont planifiés. Quant au taux d'intérêt, il est moins élevé que celui de la carte de crédit, mais habituellement plus élevé que celui de la marge de crédit. Similaires à la dette à moyen terme (prêt à terme fixe), discutée un peu plus loin (p. 44), les intérêts se calculent sur le solde emprunté (capital) qui reste à payer.

Taux carte de crédit	>	Taux prêt personnel	>	Taux marge de crédit
↓		↓		↓
emprunt variable		emprunt initial fixe		emprunt variable
remboursement du capital variable		remboursements fixes (capital et intérêts)		remboursement du capital variable

LE LONG TERME

Pourquoi s'endetter à long terme? Parce qu'il est difficile de faire autrement lorsqu'il s'agit de l'acquisition de certains actifs, telle une propriété résidentielle. C'est assurément un montant important, eu égard aux revenus annuels. Il serait utopique de penser épargner suffisamment pour payer une telle acquisition au comptant, dans sa totalité. En outre, le bien convoité a une longue durée de vie qui appelle l'appariement d'un emprunt en conséquence. Que l'acheteur planifie conserver sa nouvelle habitation cinq ou dix ans ne change pas le fait qu'il s'agit d'un actif (ou immobilisation) utilisé pendant de nombreuses années.

> **Usage à long terme → Financement à long terme**

L'emprunt hypothécaire

On finance l'achat d'une propriété résidentielle, d'une maison, d'un condo ou d'un chalet, par un emprunt hypothécaire ou une hypothèque. Le prêt étant garanti par l'actif acquis. La durée totale de l'emprunt s'étend habituellement sur une période de vingt ou de vingt-cinq ans. Il s'agit de la **période d'amortissement** du prêt. Plus cette période est longue, moins élevé sera le montant des versements réguliers, mais plus élevés seront les intérêts versés au total. On sectionne cette longue durée en termes ou sous-périodes pouvant chacun aller jusqu'à dix ans. Le prêteur et l'emprunteur doivent alors s'entendre sur les s'assurer de sa capacité de payer les dépenses courantes. **Ces dépenses, qu'elles soient fixes ou discrétionnaires, doivent être couvertes par les revenus courants.** Je réitère donc l'importance de faire un budget, et de déterminer les montants que vous pouvez dépenser, afin de vous assurer de ne pas dépasser certaines limites. Se faire plaisir de temps en temps est sain. Il faut juste s'assurer que c'est en cohérence avec sa capacité financière et ses projets à plus long terme.

> **Faire la différence entre l'essentiel et le non essentiel, puis entre le nécessaire et le non nécessaire.**

La marge de crédit personnelle

Il est possible d'obtenir une marge de crédit auprès d'une institution financière. Cette forme de prêt consiste à accorder un accès rapide à une somme d'argent préapprouvée, disons 5 000 $, habituellement obtenue sans fournir de garantie. L'emprunteur peut donc, **selon ses besoins**, utiliser cette marge pour un montant variant de 0 $ à 5 000 $. Le taux d'intérêt est habituellement variable, fluctuant selon le marché, et se calcule en jours selon le montant ou capital emprunté. Dans ce contexte, supposons que Jonathan ait utilisé 1 000 $ de sa marge de crédit pendant 30 jours au taux de 8 %. Il devra ainsi payer 6,58 $ d'intérêts (1 000 $ X 8 % X 30/365 jours). Le taux d'intérêt de la marge de crédit personnelle est inférieur à celui de toute carte de crédit. Le remboursement de la somme empruntée sur la marge de crédit (principal) est « facultatif » dans le sens où il n'y a pas d'obligation de le faire tant que les intérêts sont régulièrement payés.

L'intérêt de la marge de crédit se calcule donc selon son utilisation. On emprunte 1 000 $ sur la marge de crédit : on paie les intérêts sur 1 000 $. On emprunte 3 000 $ sur la marge de crédit : on paie des intérêts sur 3 000 $. Pas d'emprunt, pas d'intérêt, et généralement pas de frais de service non plus. Les intérêts doivent habituellement être payés à la fin de chaque mois. Si l'on est contraint à emprunter pour des besoins à court terme, la marge de crédit est une option à explorer, car nettement moins désavantageuse que la carte de crédit. Entre deux sources de financement, prenez l'habitude de bien évaluer laquelle est la moins dispendieuse.

> **Avoir accès à une marge de crédit est une chose, l'utiliser en est une autre.**

Vous direz peut-être qu'un montant de 12,00 $ ou de 12,18 $ n'est pas très élevé. Une fois n'est peut-être pas coutume, ou même deux. Sur ce point, voici quelques questions (Q) et réponses (R) intéressantes :

Q : Supposons qu'Émilie paie le montant minimum demandé tous les mois. Combien de temps lui faudrait-il pour rembourser le solde courant de 840,00 $? (Figure 3)

R : Étant donné l'intérêt qui continue de s'accumuler au taux de 18 %, cela prendrait approximativement cinq ans et six mois. Oui, vous avez bien lu!

Q : Qu'en serait-il si Émilie continuait de porter environ 800,00 $ d'achats mensuellement sur sa carte de crédit, en ne payant que le paiement minimum dû chaque mois?

R : Grosso modo, après 1 an, sa dette s'élèverait aux environs de 7 670 $, ce qui inclurait approximativement 790,00 $ en frais d'intérêt.

Q : Qu'arriverait-il si Émilie n'effectue aucun paiement à l'échéance?

R : En n'effectuant pas le paiement minimum dû à l'échéance du compte mensuel, cela aura un impact négatif sur sa cote de crédit. Certaines institutions financières vont tout simplement bloquer le compte et aucun autre achat ne pourra y être porté. Être incapable d'effectuer le paiement minimum m'apparaît un signal clair qu'il est temps de s'interroger et de demander conseil sur la gestion de ses finances personnelles.

L'habitude de payer ses achats avec la carte de crédit sans la rembourser en totalité à la date d'échéance est malheureusement fort répandue. Lorsqu'on repousse de mois en mois les sommes dues, on se trouve à financer des dépenses courantes par une dette à moyen-long terme. Des personnes se retrouvent ainsi avec un problème financier qui se chiffre rapidement en milliers de dollars, dans l'impossibilité de régler la situation. Certains vont devoir envisager une consolidation de dettes (p. 47), alors que d'autres vont éventuellement devoir déclarer une faillite personnelle. Cela est d'autant plus dommage lorsqu'un individu se retrouve dans cette situation pour avoir fait des dépenses non essentielles ou sans prendre conscience de l'impact à plus long terme de l'utilisation de la carte de crédit en tant que moyen de financement. Pourquoi accepter la hausse de la limite de crédit proposée par l'institution financière si la limite actuelle dépasse déjà vos besoins? Compte tenu de la discussion précédente, vous comprendrez que l'offre est enrichissante pour les compagnies de finance, mais appauvrissante pour le consommateur.

En résumé, il est nécessaire, pour une santé financière saine, de constater que la portion Intérêts payés sur la dette diminuent d'un mois à l'autre (colonne C). En contrepartie, la portion Capital remboursé de la dette à l'institution prêteuse augmente (colonne D). Au milieu du terme actuel de cinq ans, soit après trente mois ou trente versements, la dette est rendue à 239 831,24 $. À l'échéance du terme de cinq ans (60 versements), la dette aura descendu jusqu'à 216 982,98 $. À ce moment-là, Pierre-Luc discutera des conditions du prochain terme (p. 41) avec le représentant de son institution financière. Éventuellement, après avoir effectué tous les versements prévus pendant vingt ans, la dette sera rendue à 0 $.

Tableau 7-1
Répartition des deux premiers versements en ses composantes

Versement n° 1		Solde dû
1 715,88		260 000,00
- 1 083,33	Partie Intérêts* (260 000,00 X 0,05/12)	
632,55	Partie Capital = ↓ dette	- 632,55
Versement n° 2		259 367,45
1 715,88		
- 1 080,70	Partie Intérêts* (259 367,45 X 0,05/12)	↓
635,18	Partie Capital = ↓ dette	- 635,18
		258 732,27

Tableau 7-2
Évolution de l'emprunt hypothécaire au fil des versements
(période d'amortissement : 20 ans; terme : 5 ans; taux d'intérêt : 5 %)

A	B	C	D	E
Numéro du versement	Mensualité 5 ans (60 versements)	Décomposition de la mensualité		B = C + D
		Partie Intérêts* [E X (0,05/12)]	Partie Capital (B - C)	Solde dû (E - D)
				260 000,00
N° 1	1 715,88	1 083,33	632,55	259 367,45
N° 2	1 715,88	1 080,70	635,18	258 732,27
N° 3	1 715,88	1 078,05	637,83	258 094,44
∫				
N° 30	1 715,88	1 002,27	713,61	239 831,24
∫				
N° 60	1 715,88	907,46	808,42	216 982,98

* Pour fins d'illustration, les intérêts sont calculés en mois et non en jours.

Mensualité =
Intérêts + Capital

Dette début - Partie Capital remboursé =
Dette fin (cumul colonne E)

On pourrait aussi envisager d'effectuer des versements hypothécaires plus fréquents, que l'on appelle versements accélérés. Un versement aux deux semaines de 857,94 $, par exemple, se calcule en divisant le paiement mensuel par deux (1 715,88 $ /2). Puisque ce paiement se fera vingt-six fois par année, Pierre-Luc fera l'équivalent d'un paiement mensuel supplémentaire chaque année (26 X 857,94 $ = 13 X 1 715,88 $), ce qui réduira la période d'amortissement du prêt. Comprenons bien que la sortie de fonds annuelle de Pierre-Luc sera plus élevée avec cette façon de procéder. En choisissant un versement aux deux semaines plutôt que chaque mois, l'emprunt de Pierre-Luc sera entièrement remboursé environ deux ans et demi plus tôt, soit en dix-sept ans six mois, plutôt qu'en vingt ans, pour une économie d'environ 21 450 $ en intérêts. Bien que le nouvel acheteur d'une propriété préfère au départ une période d'amortissement plus longue, choisir de faire des versements accélérés en cours de route peut être avantageux. C'est une option à explorer!

Je vais y revenir un peu plus loin, dans la section L'épargne et les placements (p. 68), mais sachez pour l'instant que la propriété résidentielle peut faire partie du plan de retraite. Une acquisition effectuée à l'âge de 30 ans, par exemple, sera vraisemblablement entièrement payée à l'âge de la retraite. Une propriété exempte de dette signifie qu'il n'y a pas de versements hypothécaires

| valeur de la propriété |
| - hypothèque |
| = valeur nette |
| ↓ |
| bilan personnel |
| (p. 27) |

réguliers à faire. Les sorties de fonds « fixes » sont donc grandement diminuées, ce qui s'apparie parfaitement à la période de la retraite où les rentrées de fonds diminuent. En outre, le propriétaire de l'habitation pourrait décider de vendre sa propriété pour aller vivre dans un endroit plus petit. Il bénéficiera donc de ce que rapportera la vente – a priori non imposable (voir p. 72) – pour ses divers projets de retraite.

Puisque la propriété résidentielle est un actif dont la valeur se maintient ou augmente généralement avec le temps, il est toujours possible de la donner en garantie sur emprunt. Après quelques années, un propriétaire pourrait ainsi désirer augmenter son hypothèque afin de procéder à des rénovations ou obtenir de l'argent pour d'autres projets. Disons qu'en général, en l'absence d'une assurance prêt hypothécaire, l'hypothèque sur propriété ne devrait pas excéder 80 % de sa valeur marchande.

Les conditions à déterminer

Que ce soit à la date d'ouverture de l'emprunt hypothécaire ou à chacune des dates de son renouvellement, l'emprunteur et l'institution financière prêteuse déterminent ensemble les conditions du prêt (Tableau 8). Elles sont liées les unes aux autres dans le sens où les conditions retenues, en particulier la durée du prochain terme, influencent le taux d'intérêt en vigueur. Il faut retenir qu'à l'échéance d'un terme, ou à tout moment pour un prêt ouvert, l'emprunteur pourrait décider de transférer son prêt dans une autre institution financière lui offrant de meilleures conditions, ce qui lui donne un certain pouvoir de négociation.

Le choix des conditions dépend de sa capacité budgétaire, de sa tolérance au risque, et de ses préférences personnelles. La capacité de l'emprunteur de pouvoir rencontrer les versements mensuels – parfois hebdomadaires ou bimensuels – à l'intérieur de son budget est un élément clé à considérer. Mentionnons que la période d'amortissement initiale d'un emprunt hypothécaire est généralement d'une durée de vingt ou de vingt-cinq ans. C'est un choix logique lorsque les nouveaux propriétaires viennent d'emménager ou lorsque leurs revenus sont limités. Plus tard, selon leurs moyens financiers, ils pourront réduire la période d'amortissement à quinze ans, par exemple.

Tableau 8
Conditions[11] à déterminer sur un contrat d'emprunt hypothécaire

Conditions	Caractéristiques (exemples)
Période d'amortissement	Durée totale de l'emprunt (allant de 15 à 25 ans)
Durée du terme en cours	Ouverte OU Fermée (pouvant aller jusqu'à 10 ans)

Taux d'intérêt ou Taux de financement	Fixe (fermé) pendant la durée du terme (ex. 3 % terme 1 an – 5 % terme 5 ans – 7 % terme 10 ans)
	OU
	Variable (en fonction du taux de base)
	OU
	Fixe ouvert / Variable fermé (combinaison)
	  – Taux variable avec plafond
	  – Taux révisé à chaque date d'anniversaire

Flexibilité des versements	Possibilité ou non de pouvoir rembourser en partie ou en totalité l'hypothèque sans pénalité en sus des versements prévus (ex. maximum de 15 % par année ou possibilité de doubler les versements)

Les taux d'intérêt sur le marché dépendent fondamentalement du taux directeur de la Banque du Canada. Comme ce taux de base est peu élevé ces dernières années, les taux d'emprunt hypothécaire sont bas, ce qui favorise l'accès à la propriété. Cela signifie également que les épargnants

---

11 Le vocabulaire décrivant les différentes formules de contrats hypothécaires disponibles varie d'une institution financière à une autre.

obtiennent un taux de rendement encore plus bas sur leurs placements. Le taux hypothécaire dépend principalement de la durée du terme en cours. **Plus le terme fermé est long, plus le taux hypothécaire est élevé.** Un emprunteur qui désire limiter l'impact d'une variation potentielle du taux d'intérêt doit donc s'attendre à payer un taux plus élevé. S'il désire davantage de flexibilité dans les conditions de son prêt aussi.

Les conditions d'un prêt, qui incluent la durée du terme, et le taux d'intérêt y afférant, sont des choix relativement personnels. Certaines personnes sont plus enclines que d'autres à s'inquiéter d'une potentielle hausse de taux et de son impact sur leurs liquidités. Elles préfèrent fixer la mensualité de leur prêt pendant une plus longue période, de manière à stabiliser cette sortie de fonds fixe. Elles choisissent alors un prêt fermé plus long (terme et taux). Sachez que ce type de prêt n'est généralement pas remboursable avant la fin du terme, sauf sur paiement d'une indemnité ou d'une pénalité.

	fermé 5 ans	fermé 1 an à la fois
An 1	4,5%	3,0 %
An 2	4,5%	?
An 3	4,5%	?
An 4	4,5%	?
An 5	4,5%	?

D'autres personnes vont plutôt choisir un terme fermé plus court, disons un an, à un taux moins élevé. Au lieu d'un terme qui fixe le taux pendant cinq ans, disons à 4,5 %, l'emprunteur pourrait le fixer pour une année à la fois, disons à 3,0 % pour la première année. C'est en renouvelant son prêt à chacune des quatre années suivantes qu'il connaîtra le prochain taux, qui peut naturellement être plus haut ou plus bas que celui de l'année précédente. Le meilleur choix serait celui qui, au cumulatif, coûterait le moins cher à l'emprunteur en frais d'intérêt, pour une période donnée. Dans cet exemple, la somme des intérêts payés sur un terme de cinq ans devrait être comparée à la somme cumulée des intérêts approximatifs qui seraient payés à chacun des cinq termes annuels. Naturellement, nul ne connaît avec certitude quelle sera l'évolution future des taux, ce qui faciliterait le choix au départ. Disons toutefois que la stabilité relative du taux directeur des dernières années fait en sorte que le choix gagnant est plus souvent qu'autrement celui des termes plus courts.

Quant aux personnes qui optent pour un prêt ouvert, à un taux plus élevé, elles le font généralement parce que cela leur laisse la possibilité de rembourser en tout temps – par anticipation – une somme supérieure aux versements prévus. Lorsque la vente d'une propriété est envisagée à court terme, un terme ouvert permet d'éviter les coûts de la pénalité sur le remboursement de l'hypothèque.

> **Terme plus long → Taux plus élevé**
>
> **Taux prêt ouvert > Taux prêt fermé**

L'idée ici est de vous sensibiliser sur les différents aspects qu'il vous faudra examiner, puis comparer entre eux, afin de mieux déterminer ce qui vous convient. Sachez qu'il vous est possible de négocier avec votre institution financière. Qui ne demande pas ne reçoit pas. Il peut être possible d'obtenir le droit, pour un terme fermé, de rembourser jusqu'à 10 % ou 15 % du capital initial du prêt sans pénalité, par exemple. Si vous prévoyez des excédents budgétaires, cela peut être une bonne idée.[12]

La possibilité de mettre à jour son contrat de prêt à sa date d'anniversaire est également intéressante. Bien que similaires d'une institution financière à l'autre, les taux d'intérêt peuvent varier légèrement. Pour un prêt de 260 000 $, une différence de 0,5 % (ex. entre 4,0 % et 4,5 %) représente une économie annuelle d'environ 1 300 $ (260 000 $ X 0,005). En outre, à titre de promotion, vous pourriez recevoir une remise en argent lors du transfert de votre prêt à une autre institution. Sans nécessairement aller jusque-là, cela vous permet de négocier avec votre prêteur actuel.

Travailleur autonome – Jeune entrepreneur

Le créancier qui s'apprête à accorder du financement à un entrepreneur évaluera deux aspects : la capacité de rembourser les sommes dues en temps et lieu et les garanties en cas de défaut de paiement. L'entrepreneur devra assurément expliquer au prêteur ce qu'il fera des sommes empruntées et fournir des informations prévisionnelles qui montrent que les liquidités attendues pourront couvrir les remboursements prévus au contrat de prêt. Le taux de financement sera généralement supérieur à celui exigé d'un particulier.

Les marchandises en stock et les comptes clients (actifs à court terme) servent généralement de garantie à la marge de crédit d'exploitation (passif à court terme). Quant au mobilier, équipements, terrains et bâtisses (actifs à long terme), ils servent de garantie aux emprunts à moyen et à long terme. Afin de se protéger, le créancier ne prêtera pas 100 % de la valeur d'un actif accepté en garantie. Un immeuble ayant coûté 300 000 $ servira de garantie à l'emprunt hypothécaire de 225 000 $, par exemple. L'entreprise devra donc effectuer une mise de fonds ou obtenir un prêt supplémentaire en fournissant des garanties supplémentaires. Dans plusieurs circonstances, par endossement personnel, l'entrepreneur sera tenu responsable des dettes de son entreprise.

12 Avant d'effectuer un remboursement supplémentaire à son emprunt hypothécaire, il faut toutefois se demander s'il ne serait pas préférable de cotiser à un régime enregistré d'épargne, entre autres en vue de la retraite (p. 63).

La marge de crédit hypothécaire

Il est possible d'obtenir une marge de crédit hypothécaire, marge souvent négociée en même temps que l'emprunt hypothécaire. Cette marge fonctionne grosso modo de la même manière que la marge de crédit personnelle (p. 34) où l'on vous permet d'accéder à une somme maximale préautorisée **au besoin**. En fait, on peut dire que la marge de crédit hypothécaire remplace la marge de crédit personnelle, à un taux d'intérêt inférieur, tout simplement parce que le prêt est garanti par la propriété. Les institutions financières s'assurent généralement que l'addition du prêt hypothécaire et de la marge de crédit hypothécaire n'excèdent pas un certain pourcentage correspondant habituellement à 80 % de la valeur marchande de l'actif immobilier. Nous reviendrons un peu plus loin, dans la section L'épargne et les placements (p. 70), sur le fait que le coût et la valeur d'une propriété sont deux choses différentes.

L'objectif initial de la marge de crédit hypothécaire est d'aider le propriétaire à couvrir des dépenses importantes reliées à l'habitation. Il n'est habituellement pas interdit de se servir de cette marge à titre de fonds d'urgence ou d'aide à l'achat d'un véhicule, par exemple. Il faut toutefois agir avec prudence et se garder d'en profiter pour financer à moyen-long terme des dépenses courantes, ou pires, des dépenses non essentielles. L'usage de ce type d'emprunt – facilement accessible de surcroît – pour une autre raison que son objectif de base est rarement une bonne idée.

Travailleur autonome – Jeune entrepreneur

Les intérêts payés sur emprunts effectués dans le cadre du fonctionnement d'une entreprise, nécessaires pour gagner du revenu, sont des dépenses légitimes. Cela comprend les intérêts payés sur la marge de crédit commerciale ou sur le financement du matériel de production ou d'équipements spécialisés, par exemple.

L'usage du financement pour gagner du revenu fait appel au concept d'effet de levier. En empruntant, l'effet est positif lorsque le rendement de l'investissement (ex. 8 %) excède le coût du financement (ex. 5 %). En d'autres termes, emprunter pour augmenter les revenus est un instrument financier qui, lorsqu'analysé et utilisé judicieusement, augmente le rendement de l'entreprise.

LE MOYEN TERME

Pourquoi s'endetter à moyen terme? Pour se permettre l'achat de biens de nature *non* courante, utilisés pendant quelques années. Un véhicule automobile, un véhicule récréatif ou des meubles sont des exemples connus. Couramment, pour ce genre d'achat, il est possible de se faire financer par l'entreprise vendeuse ou d'emprunter d'une institution financière. On compare alors les conditions offertes : période d'amortissement, durée du terme, taux de financement et flexibilité de remboursement (Tableau 8, p. 41). Le bien acheté sert habituellement de garantie au prêt, que l'on appelle aussi nantissement. Étant donné la présence d'une garantie, le taux d'intérêt est généralement plus faible que celui d'une marge de crédit ou d'un prêt personnel.

Le type de biens pour lesquels on peut songer au financement à moyen terme présente deux caractéristiques qu'il faut comprendre. Premièrement, ce sont habituellement des biens à désuétude rapide. Contrairement à la propriété résidentielle dont la valeur marchande augmente en général avec le temps, la plupart des biens personnels, comme les véhicules et les meubles, perdent de la valeur. On dit d'ailleurs d'une automobile neuve qu'elle vaut déjà moins que le prix payé juste en quittant le stationnement du concessionnaire. Deuxièmement, les biens personnels ont une durée de vie limitée. Contrairement à la propriété résidentielle dont la durée de vie est très longue, on sait qu'il y a une limite de temps à leur usage.

Ces deux caractéristiques m'amènent à vous sensibiliser sur la nécessité de déterminer adéquatement vos conditions d'emprunt. Prenez en compte l'appariement entre l'utilité du bien et son financement. **Moins le bien est utile, moins il est justifié de faire appel à une source de financement.** Tenez également compte de la rapidité de la décroissance de sa valeur. Chez certaines institutions financières, le terme du financement d'un véhicule automobile peut s'étendre jusqu'à sept-huit ans et, pour un véhicule récréatif, comme une motoneige, jusqu'à quinze ans. C'est une longue période si l'on réfléchit à la durée de vie même de l'objet, ou encore, la période durant laquelle ce type ou ce modèle est susceptible de convenir. Prenons l'exemple de Nicolas qui a acheté[13] un véhicule à 40 000 $, financé entièrement par un prêt-auto sur huit ans à 6 % par an (ou 0,5 % par mois). Comme présenté au Tableau 9, en supposant la stabilité du taux d'intérêt pendant toute la période du prêt, son versement mensuel sera de 525,66 $ (colonne B).

Remarquons qu'à mi-chemin du terme de l'emprunt, soit quatre ans (48 versements), la dette restante s'élève à 22 382,50 $ (colonne E). Nicolas ne pourrait donc pas dire quelque chose comme « J'ai fait la moitié des versements, alors la dette restante est de 20 000 $, soit la moitié du prix payé pour l'auto. ». Pourquoi en est-il ainsi? Tout simplement parce que la portion Intérêts incluse dans chacun des

| valeur du bien |
| - solde du prêt |
| = valeur nette |

13 La question de louer une automobile au lieu de l'acheter est abordée à la page 86.

versements mensuels de 525,66 $ est plus élevée au début, dans les premiers versements (colonne C). La portion Capital remboursé est donc, par ricochet, plus petite (colonne D).

Tableau 9
Décroissance d'une dette au fil des versements

(durée du prêt : 8 ans, 96 versements; taux d'intérêt : 6 %)

A	B	C	D	E	
Numéro du versement	Mensualité 8 ans (96 verse-ments)	Décomposition de la mensualité		B = C + D	
		Partie Intérêts* (E X 0,005)	Partie Capital (B - C)	Solde dû (E - D)	
				40 000,00	prêt initial 8 ans
Nᵒ 1	525,66	200,00	325,66	39 674,34	
∫					
Nᵒ 24	525,66	160,42	365,24	31 717,83	reste 6 ans
∫					
Nᵒ 48	525,66	113,97	411,69	**22 382,50**	reste 4 ans mi-chemin
∫					
Nᵒ 60	525,66	88,58	437,08	**17 278,69**	reste 3 ans
∫					
Nᵒ 96	525,66	2,61	523,05	0,00	prêt remboursé

* Pour fins d'illustration, les intérêts sont calculés en mois et non en jours.

Besoin à moyen terme → Financement à moyen terme

Supposons maintenant que Nicolas décide de changer d'automobile cinq ans (60 versements) après son achat. Quel est le solde dû sur son prêt-auto? D'après le Tableau 9, il reste 17 278,69 $ à payer (colonne E). Nicolas va donc devoir rembourser cette somme au créancier à même le produit de la vente de l'automobile actuelle. Qu'en sera-t-il de sa valeur marchande? Certes, c'est un peu difficile à évaluer, mais l'on sait qu'un véhicule se déprécie avec le temps. Somme toute, Nicolas pourrait bien se retrouver avec un véhicule valant moins cher que la dette qui reste à payer. Il lui faudra alors piger dans ses économies ou réemprunter. On lui offrira peut-être d'ajouter la dette de l'ancienne automobile sur la dette de la nouvelle automobile. Il peut devenir très inconfortable, voire limitant, de payer une dette pour un bien qu'on ne possède plus. Enfin, l'idée a déjà été exprimée dans la section La planification des dépenses (p. 26), mais rappelons que certains achats, en particulier lorsque reliés aux loisirs, devraient faire l'objet d'un projet d'épargne avant d'être effectués, du moins en partie.

La consolidation de dettes

Lorsqu'une personne est à bout de souffle au point de vue financier, elle peut envisager ce qu'on appelle une consolidation de dettes ou réorganisation financière. On dit parfois que c'est la dernière action envisageable avant de songer à déclarer faillite. Lorsque les cartes de crédit sont pleines, que la marge de crédit est rendue à la limite autorisée et que les versements sur emprunts sont en retard ou sur le point de l'être, la consolidation de dettes peut être une solution. L'objectif est de grouper les différentes dettes au même endroit, pour un soulagement financier. En d'autres termes, l'institution financière paie, en votre nom, le solde de vos emprunts actuels afin de créer un nouvel emprunt. Un individu n'utilisant pas pleinement sa marge de crédit hypothécaire pourrait, par lui-même, effectuer un processus semblable.

Figure 5
Consolidation de dettes

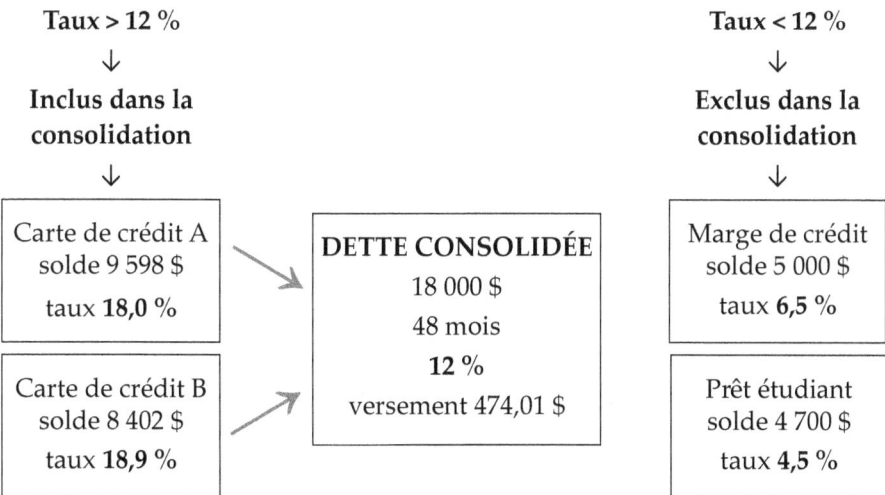

Taux > 12 %		Taux < 12 %
↓		↓
Inclus dans la consolidation		**Exclus dans la consolidation**
↓		↓

Carte de crédit A solde 9 598 $ taux **18,0 %**	**DETTE CONSOLIDÉE** 18 000 $ 48 mois **12 %** versement 474,01 $	Marge de crédit solde 5 000 $ taux **6,5 %**
Carte de crédit B solde 8 402 $ taux **18,9 %**		Prêt étudiant solde 4 700 $ taux **4,5 %**

Notons que ce ne sont pas nécessairement toutes les dettes qui seront ainsi transférées dans un emprunt consolidé. Seules les dettes pour lesquelles le taux d'intérêt actuel est supérieur à celui qui sera demandé par le nouvel emprunt en feront partie. Il ne serait pas logique, en effet, de transférer une dette sur laquelle on paie 6,5 % ou 4,5 % en intérêts dans le solde consolidé de dettes sur lequel on paiera 12 %.

Le but d'une telle solution est de permettre à une personne en difficultés financières de payer ses dettes et de maintenir sa cote de crédit. Pour ce faire, un taux d'intérêt réduit ainsi qu'un étalement des paiements est envisagé. Le nouvel emprunt, créé par la consolidation de dettes actuelles, sera habituellement d'une durée de trois à cinq ans afin d'en permettre le remboursement dans un délai raisonnable. Au lieu de devoir faire différents versements à différents endroits, l'emprunteur effectue un seul et même versement à un seul endroit. Cela permet de redessiner le budget de manière à pouvoir rencontrer ses obligations. Pour une personne ayant un bon dossier de crédit, la consolidation de dettes lui permet d'honorer ses engagements sans mention négative à son relevé.

Mentionnons toutefois qu'une consolidation de dettes n'est pas automatiquement acceptée par l'institution financière. Cela dépend de divers facteurs telle la capacité de rembourser le nouvel emprunt ainsi que l'ampleur des dettes en jeu. L'institution prêteuse calcule alors le taux d'endettement de l'emprunteur. Pour ce faire, on additionne en premier lieu tous les paiements mensuels devant être régulièrement effectués (ex. loyer, assurances, impôts, cartes de crédit, versements sur les prêts) pour diviser ensuite ce montant par la somme des revenus mensuels bruts.[14] Un taux d'endettement de 40 % et plus est généralement considéré comme un frein à l'obtention d'un nouveau prêt, incluant l'éligibilité à la consolidation de dettes.

> **Taux d'endettement = Paiements à effectuer sur une base mensuelle**
> **Revenus mensuels bruts**

Lorsqu'un individu connaît une période de difficultés financières, il peut demander à son créancier la suspension de ses versements sur dette, le plus souvent hypothécaire. C'est une solution valable lorsque la situation est explicable et de nature exceptionnelle, telle une grève prolongée. Il faut toutefois prendre conscience que ce report n'est pas un cadeau, dans le sens où il s'agit d'une pause et non d'une annulation des obligations. L'échéance est repoussée, mais la dette demeure pleine et entière. Quant à l'intérêt, il continue de s'accumuler en fonction du temps qui passe, et sera ajouté au capital dû. Certes, cela permet à une personne en situation difficile de souffler un peu, mais il faut comprendre que les obligations financières demeurent pleines et entières.

---

14 Certains sites Web permettent le calcul du taux d'endettement une fois les données financières pertinentes inscrites dans un formulaire à remplir.

L'ÉPARGNE ET LES PLACEMENTS

« Pourquoi épargner? Pour son propre bien-être financier. »

L'ÉPARGNE ET LES PLACEMENTS

L'ÉPARGNE

Dans la section La planification des dépenses, nous avons abordé la possibilité d'épargner en fonction d'objectifs personnels. Pour épargner, c'est bien logique, il faut qu'il y ait excédent des revenus sur les dépenses. Or, avant d'épargner, il faut aussi s'assurer de payer ses dettes à court terme, comme la carte de crédit et la marge de crédit, et aussi penser à raccourcir la durée du remboursement de certaines dettes à moyen terme, comme le prêt étudiant. Lorsque le taux d'intérêt de la carte de crédit avoisine le 20 %, tout excédent budgétaire devrait d'abord servir à éteindre cette dette. Les dépenses d'intérêt évitées – et la diminution des sorties de fonds par ricochet – peuvent être appréciables. Il en serait de même du prêt-auto au taux de 6 %, par exemple. Comparé au taux d'intérêt sur l'épargne, beaucoup plus mince, qui génère du revenu imposable de surcroît, le choix est clair.

Payer ses dettes, c'est éliminer des coûts fixes pour assainir sa situation financière. **Moins de coûts fixes signifie plus de marge de manœuvre** donc plus d'argent disponible pour autre chose... de plus intéressant! Nous reviendrons sur l'allocation des montants épargnés entre les différents comptes d'épargne non enregistrés et les régimes enregistrés d'épargne (Tableau 16). Comme présenté dans la partie La situation financière (p. 27), toute épargne ou tout placement, peu importe sa forme ou ses conditions, est un actif contribuant à augmenter la valeur nette au bilan d'un individu.

épargne
↓
bilan personnel

L'épargne peut se concevoir sur différentes temporalités. À court terme, elle sert à combler les déficits ponctuels engendrés par des périodes plus coûteuses. À moyen terme, elle sert à renouveler des biens nécessaires dont la durée de vie est plus longue, comme des électroménagers, de même qu'à réaliser des projets, comme l'achat d'un chalet. À long terme, elle sert à assurer une qualité de vie satisfaisante à la retraite.

Le bien-être financier

D'emblée, l'utilité première de l'épargne est d'améliorer votre qualité de vie. Vous le faites pour vous. Certaines personnes voient l'épargne comme une désagréable contrainte. Or, lorsque planifiée et accompagnée d'un objectif tangible, elle prend tout son sens. L'épargne sert essentiellement à apparier les entrées et les sorties de fonds dans le temps. Les excédents d'une période étant mis de côté pour combler les déficits des périodes suivantes, à court, à moyen et à long terme.

À court terme, comme discuté précédemment dans la section La planification des dépenses (p. 24), disposer d'une marge de manœuvre m'apparaît indispensable. Ce coussin financier amenuise les effets d'un coup dur. Lorsque cela survient, moins s'inquiéter sur sa capacité de payer les dépenses courantes est précieux. Disons aussi que l'épargne permet d'absorber les périodes déficitaires. Lorsqu'arrive le temps des vacances annuelles, par exemple, avoir en main l'argent nécessaire évite de voyager à crédit et élimine la déplaisante nécessité de devoir rembourser une carte de crédit ultra chargée par la suite.

cumul début du mois
+ mois courant
= cumul fin du mois

Tableau 10
Exemple de suivi du compte Épargne – Vacances

	janvier	février	mars	avril	mai	juin	juillet
Excédent du mois	150	150	200	200	150	200	–900
Excédent cumulé	150	300	500	700	850	1 050	150

> **Les excédents d'aujourd'hui
> servent à combler les besoins de demain.**

À moyen terme, l'épargne permet de se préparer à faire des dépenses d'un montant plus élevé, comme l'achat d'une roulotte ou la rénovation de la cuisine. Mettre de l'argent de côté afin de couvrir en partie ou en totalité ce genre de dépenses diminuera l'ampleur du financement requis pour les effectuer. **Moins de frais financiers signifie moins de sorties de fonds fixes.** L'épargne permet aussi d'amasser de l'argent pour une fin précise, telles les études des enfants, pour davantage de sérénité le moment venu. Une personne n'ayant pas planifié ces dépenses significatives se retrouvera peut-être devant un choix difficile à faire. J'aimerais ainsi attirer votre attention sur la nécessité de prioriser vos objectifs, pour une vie fonctionnelle. Devoir choisir entre payer les études de l'un des enfants ou remplacer l'automobile accidentée n'est pas si simple. D'où l'importance de choisir où va l'argent en allouant régulièrement des sommes pour chaque projet qui nous tient à cœur ou pour des dépenses inévitables.

Tableau 11
Exemple de planification de l'épargne

	septembre	octobre	novembre	décembre	janvier	...
Excédent du mois	400	350	275	125	550	...
Épargne – Études	150	150	150	0	150	...
Épargne – Meubles	125	75	0	0	275	...
Épargne – Retraite	125	125	125	125	125	...
Total Épargne	400	350	275	125	550	...

répartition des excédents entre les divers objectifs d'épargne

Deux choses ressortent de mes propos précédents. D'une part, il semble préférable de disposer de l'argent nécessaire *avant* d'engager une dépense discrétionnaire plutôt que de chercher comment la payer *après*. D'autre part, la valeur de l'épargne n'est pas strictement de nature financière. Ne pas s'inquiéter de manquer d'argent ou pouvoir prendre un congé de maladie sans craindre d'arriver à payer ses factures augmente significativement la qualité de vie, ainsi que le sentiment d'être en contrôle de sa vie.

La retraite

En général, les gens ne sont pas assez conscientisés sur la nécessité de planifier leur futur. Nous avons naturellement tendance à penser à améliorer nos conditions de vie dans le présent, tout en laissant notre capacité à maintenir ce niveau de vie dans le futur entre les mains du hasard. Lorsqu'il est question d'argent, il est d'autant plus facile de se laisser tenter par le gain immédiat. Si l'on vous offre 3 000 $ aujourd'hui ou 1 000 $ pendant quatre ans pour un cumul de 4 000 $, que choisiriez-vous? La tendance veut que plus le délai d'attente est long, moins les gens seraient prêts à attendre, même si le gain est supérieur. Pourtant, d'un strict point de vue mathématique, 4 000 $ est préférable à 3 000 $. Certes, on peut faire davantage de choses avec 3 000 $ reçus au même moment qu'avec une plus petite somme reçue sur quatre ans. On peut gagner des intérêts aussi, mais ce sera bien moins que 1 000 $. Et il y a l'inflation, qui fait que 1 $ aujourd'hui vaut plus que 1 $ demain (p. 82). Quand même. Cela illustre la tendance à ne penser qu'à court terme.

Quel genre de vie aimeriez-vous mener à vos 60 ans? On a tous déjà pensé à notre retraite idéale. Cependant, peu d'entre nous prennent réellement le temps d'évaluer le niveau d'épargne à respecter jusque-là pour maintenir le rythme de vie désiré rendu là. La vie est bien loin d'être terminée à 60, voire 65 ans. Si vous vivez en santé jusqu'à l'âge de l'espérance de vie moyenne, vous bénéficierez de plus de vingt années de vie pour réaliser bien des projets (voyages, loisirs), mais durant lesquelles vos revenus diminueront forcément.

À plus long terme, il est donc nécessaire de penser à sa retraite, à ce moment où les rentrées de fonds vont diminuer, à défaut de quoi votre qualité de vie pourrait diminuer drastiquement. La retraite paraît loin, surtout quand on est dans la trentaine, en pleine possession de ses moyens financiers. Il est tentant de se dire qu'on saura bien s'arranger. Mais pensez-y bien. Si vous avez 40 ans aujourd'hui et visez une retraite à 60 ans, il vous reste statistiquement à peu près autant d'années à gagner un salaire que d'années de vie sans salaire. Il faut vraiment faire l'exercice d'évaluer les revenus qui seront à votre disposition à la retraite. Faire cet exercice à la veille de vos 65 ans risque de vous réserver de très mauvaises surprises, à un moment de votre vie où trouver des sources de revenus supplémentaires est fort ardu. Ce n'est pas évident de passer d'un mode de vie à 80 000 $ par année à un train de vie à 40 000 $ à la retraite.

En consultant les informations au Tableau 12, faites l'exercice de vous demander si les montants versés par l'État en 2020 aux retraités vous seraient suffisants pour vivre dans un minimum de confort.[15] C'est certain qu'il est difficile d'épargner, avec toutes les obligations financières du quotidien. Ne perdons toutefois pas de vue que l'épargne s'accumule pas à pas. Même avec de petits montants, le passage du temps est votre meilleur allié. Je suggère d'ajouter systématiquement une ligne Épargne – Retraite à votre budget (Tableau 4, p. 19-20, et Tableau 11).

Tableau 12
Régimes de pension de l'État[16]

Gouvernement provincial	Gouvernement fédéral	
Régime des rentes du Québec	Sécurité de la vieillesse	Les sommes reçues de l'État à la retraite sont imposables et d'un montant fixe, quoique indexées selon le coût de la vie.
Maximum de 753,47 $ par mois (ou 9 041,64 $ par an) à partir de 60 ans	Paiement mensuel de base de 614,14 $ par mois (ou 7 369,68 $ par an) à partir de 65 ans	
OU	PLUS	
Maximum de 1 177,30 $ par mois (ou 14 127,60 $ par an) à partir de 65 ans	Supplément de revenu garanti pour personnes à faible revenu	

15 « En 2015, les personnes âgées de 65 ans ou plus ont un revenu moyen après impôt de près de 29 000 $ ». Source : https://publications.msss.gouv.qc.ca/msss/fichiers/ainee/aines-quebec-chiffres.pdf.

16 Source provincial : https://www.rrq.gouv.qc.ca/fr/programmes/regime_rentes/Pages/regime_rentes.aspx.
Source fédéral : https://www.canada.ca/fr/services/prestations/pensionspubliques/rpc/securite-vieillesse.html.

54

En prévision de la retraite, il me semble nécessaire de planifier d'autres rentrées de fonds que ce que l'État pourrait vous verser. Il n'y a pas de secret, cela doit provenir des épargnes faites à même vos différents revenus pendant votre vie active. L'idée de **couper les dépenses *non* essentielles maintenant pour s'assurer du nécessaire plus tard** prend tout son sens. De quelle somme en sus de ce que l'État vous versera aurez-vous besoin? De quelle valeur nette (revoir p. 26-28) devrez-vous disposer aux jours de la retraite pour couvrir le déficit prévu?

Certains travailleurs bénéficient d'un régime de pension agréé (RPA) de leur employeur, ce qui les « oblige » en quelque sorte à épargner à cette fin. L'avantage non négligeable consiste aussi en ce que l'employeur cotise également, pour le compte de l'employé, au régime de pension. Le tableau ci-dessous résume brièvement les caractéristiques des deux principaux types de régimes de pension offerts par un employeur.

Tableau 13
Types de régimes de pension agréés d'un employeur[17]

Type de régime	Montant prélevé sur la paie[17]	Montant qui sera retiré à la retraite[17]	Exemple
Régime à cotisations définies ou déterminées *(Cotisations : sommes versées au régime de pension d'un employé pendant la vie active)*	• Les cotisations prélevées sur la paie de l'employé sont établies à l'avance et sont relativement fixes. • Les cotisations de l'employeur sont également connues et fixes.	**Montant** de la prestation de retraite **inconnu**, qui dépendra du cumulatif des cotisations (employé et employeur) et de leur rendement au sein du régime de pension.	Pendant dix ans, l'employeur de Steve a prélevé 5 000 $ par année sur sa paie pour son régime de pension, pour un total de 50 000 $. Cet employeur contribue une somme équivalente aux cotisations de Steve. À sa retraite, il bénéficiera donc d'un montant de 100 000 $ auquel s'additionnera le rendement que l'administrateur du régime aura réalisé sur cette somme. En supposant que ce rendement s'élève à 20 000 $, Steve pourra compter sur une somme cumulative de 120 000 $, à répartir sur les années de sa retraite.

17 Les cotisations prélevées à même la paie pour un régime de pension agréé – ainsi que les cotisations versées dans un REÉR privé – sont déductibles d'impôt. Les retraits sont imposables (Tableau 16, p. 63).

Régime à prestations définies ou déterminées *(Prestations : sommes retirées du régime à la retraite par un employé)*	• Les cotisations prélevées sur la paie de l'employé sont établies à l'avance. • Les cotisations de l'employeur varient selon la santé financière du régime.	**Montant** de la prestation de retraite **connu,** calculé entre autres en fonction de l'âge, du salaire et du nombre d'années de service.	D'après le mode de calcul connu à l'avance dans les modalités du régime, Audrey va recevoir 52 000 $ de prestations de retraite par année jusqu'à la fin de sa vie.

On devrait tous faire l'exercice d'évaluer les montants que l'on pense recevoir à la retraite afin de les comparer au montant nécessaire à nos besoins. Pour les individus n'ayant pas l'avantage d'un régime de pension offert par un employeur, il est clair qu'ils doivent bâtir leur propre fonds de retraite. Comme expliqué dans le tableau 13, les régimes à cotisations définies (1er type) aboutissent sur un montant cumulatif qui doit être réparti sur les années de retraite. Dans le cas de Steve, la somme disponible de 120 000 $ n'est pas si élevée. En supposant qu'il lui faut 20 000 $ (avant impôts) par année pour vivre convenablement, en sus de ce que l'État lui verse, il en a pour six ans; peut-être un peu plus s'il gagne du revenu sur les sommes inutilisées. Dans le cas d'Audrey, la prestation définie (2e type) annuelle de 52 000 $ (avant impôts) peut lui être insuffisante pour réaliser les activités qu'elle se promet de faire depuis longtemps. Les individus bénéficiant d'un régime de pension agréé de leur employeur doivent également planifier leur retraite.

L'épargne-retraite a pour but d'équilibrer les rentrées de fonds dans le temps, en fonction des besoins. **L'idée de base consiste à s'assurer de pouvoir compter sur un montant minimum chaque année de sa vie.** En d'autres termes, les surplus des années plus fastes sont mis de côté afin de s'assurer d'un bien-être financier à la retraite. Dans la section La planification des dépenses, nous avons mentionné la nécessité d'« estimer » la valeur nette qu'il faudrait voir au bilan personnel au jour de la retraite (p. 27). Plus l'horizon s'éloigne et plus nombreuses sont les estimations et hypothèses. Quel rendement espérer sur vos placements? Combien d'argent aurez-vous besoin pour vivre? Et, pendant combien de temps? Serez-vous en santé? Aurez-vous besoin d'assistance particulière à partir d'un certain âge? Quels sont vos projets? Tous conviennent qu'il assez difficile, d'une part de prévoir ses besoins à la retraite et, d'autre part, de déterminer quels sont les moyens à prendre pour y arriver. Bien sûr, il n'est pas exclu que vous puissiez occuper un emploi à temps partiel une fois à la retraite, question de vous occuper et de mieux boucler les fins de mois. Par contre, vous ne voulez probablement pas être contraint d'occuper un tel emploi jusqu'à vos 70 ans, par souci d'assurer votre subsistance lors de vos vieux jours.

> **Vie financière équilibrée ? Penser Épargne.**

La Figure 6 illustre très sommairement et le plus simplement possible le processus assez complexe de la planification de la retraite. Chaque situation est différente, en termes de besoins, d'objectifs et de projets de vie. Estimer ce que l'on désire à la retraite, disons dans 25 ou 30 ans n'est pas une tâche simple. **Le processus de planification consiste essentiellement à combler l'écart entre la valeur nette à un moment précis de sa vie active et la valeur nette désirée à la retraite pendant les années où l'épargne est possible.** Pour une évaluation complète, il faut, entre autres tenir compte du taux de rendement prévu sur les placements, de l'inflation, ainsi que des implications fiscales des revenus et des retraits.

Figure 6
Processus de planification de la retraite

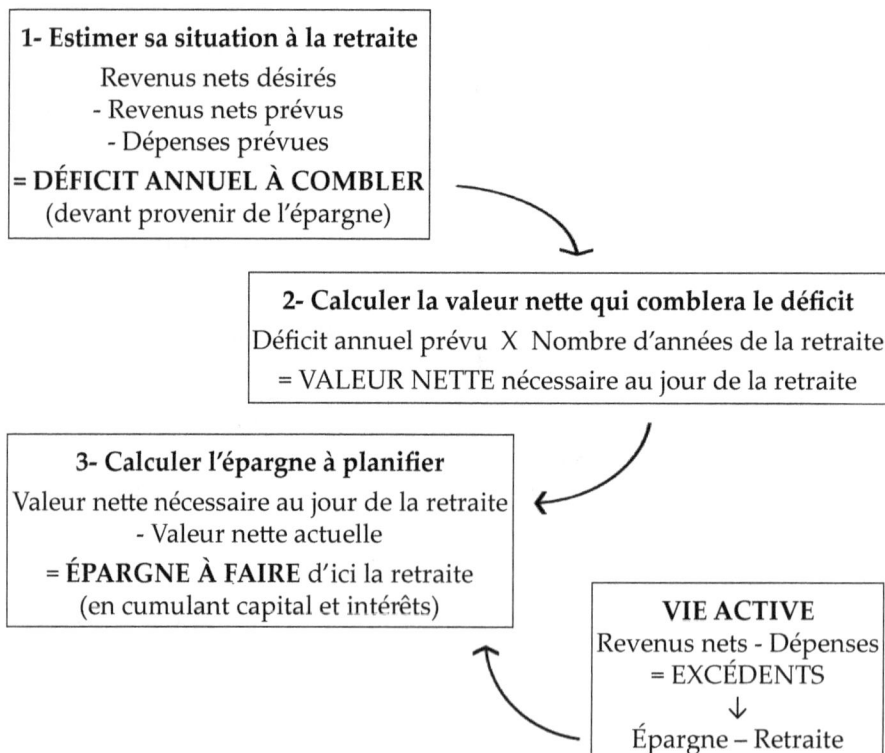

1- Estimer sa situation à la retraite
Revenus nets désirés
- Revenus nets prévus
- Dépenses prévues
= DÉFICIT ANNUEL À COMBLER
(devant provenir de l'épargne)

2- Calculer la valeur nette qui comblera le déficit
Déficit annuel prévu X Nombre d'années de la retraite
= VALEUR NETTE nécessaire au jour de la retraite

3- Calculer l'épargne à planifier
Valeur nette nécessaire au jour de la retraite
- Valeur nette actuelle
= ÉPARGNE À FAIRE d'ici la retraite
(en cumulant capital et intérêts)

VIE ACTIVE
Revenus nets - Dépenses
= EXCÉDENTS
↓
Épargne – Retraite

Encore une fois, mon but est de vous sensibiliser à l'évolution des entrées et des sorties de fonds au cours de votre vie, jusqu'à la fin. Chaque situation est différente, mais sachez que certains planificateurs financiers suggèrent la mise de côté d'environ 10 % en moyenne des revenus de la vie active en prévision des années de retraite. Ce pourcentage est souvent plus faible dans les premières années, et plus élevé dans les dernières années de travail. Pour une évaluation qui tient compte de vos particularités, l'aide d'un planificateur financier est fortement recommandée. Pas seulement lorsqu'arrive la cinquantaine, mais plutôt dès que votre vie active débute.

Travailleur autonome – Jeune entrepreneur

Compte tenu de la nature de ses activités, le travailleur autonome ou le jeune entrepreneur est son propre patron. Il doit donc, de lui-même, se créer un fonds de retraite. Les montants versés dans un Régime enregistré d'épargne-retraite (REÉR) sont une dépense personnelle déductible dans les déclarations fiscales du particulier. Ces cotisations ne figurent pas à l'état des résultats de l'entreprise.

LES PLACEMENTS

Il existe toute une panoplie de placements disponibles sur le marché. Les caractéristiques et les conditions variant d'une institution financière à une autre. Pour s'y retrouver, je présente ci-dessous les principaux types de placements (Tableaux 14 et 15) en soulignant leurs principales similitudes et différences. Le **capital d'un placement** correspond à la somme initialement investie. Le **rendement**, discuté ci-après, se crée le plus souvent par la génération d'un revenu d'intérêts qui s'accumule avec le **temps**. Pratiquement tous les types de placements peuvent être effectués dans un compte non enregistré ou dans un compte enregistré, dépendamment des objectifs.

On dit d'un compte de placement qu'il est enregistré lorsqu'il est fait à l'intérieur de l'un ou l'autre des régimes enregistrés auprès de l'État. Les régimes les plus courants sont le Régime enregistré d'épargne-retraite (REÉR), le Compte d'épargne libre d'impôt (CÉLI) et le Régime enregistré d'épargne-étude (REÉÉ). Nous y reviendrons un peu plus loin (Tableau 16), mais sachez que ces régimes vous permettent de placer vos économies à l'abri de l'impôt. Les comptes de placement non enregistrés, comme le compte Épargne – Meubles, n'offrent pas d'avantages fiscaux, c'est-à-dire que les revenus qu'ils génèrent, quels qu'ils soient, sont imposables. Ils donnent toutefois une plus grande marge de manœuvre dans leur flexibilité de s'ajuster à vos besoins à court et à moyen terme.

Le rendement

Le type de placement le plus connu consiste à laisser, pour une période donnée, ses épargnes dans un certificat de dépôt ou certificat de placement garanti qui rapportera de l'intérêt. Le capital y est garanti, c'est-à-dire que l'épargnant le récupère à coup sûr dans son entièreté à l'échéance. Un terme ou une échéance fixe plus éloignée de la date de l'investissement affiche en général un taux d'intérêt plus élevé.

Tableau 14
Placements de base à capital garanti[18]

Type de placement	Revenu	Caractéristiques	Exemples d'utilisation
• **Placement temporaire** ou Placement « rachetable en tout temps » ou placement « à vue »	• Intérêt variable, généralement le plus bas sur le marché (ex. 0,2 %). ↓ capital garanti intérêt minimal garanti	• Accès aux liquidités en tout temps, sans frais.	• Une somme de 150 $ est mise de côté et placée à tous les mois pour les vacances annuelles.
• **Placement à terme** (durée fixée à l'avance) Montant fixe placé pour une période donnée OU Dépôts périodiques construisant le placement au fil du temps	• Intérêt fixe (ex. 1,25 % pour un terme de 3 ans ou 1,50 % pour un terme de 5 ans) OU Intérêt progressif (taux légèrement bonifié d'une année à l'autre), déterminé selon la durée. ↓ capital garanti intérêt garanti	• Intérêts le plus souvent versés annuellement. • Pénalité à payer sur le retrait des sommes avant l'échéance. *N.B. Certaines conditions peuvent permettre le rachat sans pénalité aux dates d'anniversaire.*	• Une somme de 4 000 $ est mise de côté et placée dans le but d'acheter un véhicule récréatif dans 3 ans. OU Une somme de 100 $ est mise de côté et placée mensuellement pendant 40 mois.

Le taux d'intérêt, habituellement exprimé pour une année, permet l'accumulation d'un revenu au fil du temps. Comme illustré à la Figure 7, une somme de 2 000 $ placée pendant un an au taux d'intérêt de 1 % rapportera 20 $ (2 000 $ X 1 %). L'épargne initiale ou le capital initial

---

18 Les plateformes bancaires permettent facilement et rapidement le transfert systématique ou manuel de sommes dans différents comptes pour lesquels des objectifs d'épargne différents sont associés.

de 2 000 $ sera rendu à 2 020 $ dans un an. Placée au même taux, mais pour six mois, une somme de 2 000 $ rapporterait plutôt 10 $ (2 000 $ X 1 % X 6/12 mois). Pour une période plus longue et fixe, les institutions financières se permettent de bonifier leur taux. Ainsi, une somme de 2 000 $ placé à 1,50 % pendant trois ans rapporterait 30 $ (2 000 $ X 1,5 %) en intérêts à chacune des années. L'épargnant peut retirer ce revenu d'intérêts annuellement ou laisser cet intérêt rapporter des intérêts supplémentaires. Il arrive aussi que le taux offert soit plus élevé lorsque le montant de l'épargne excède un certain montant (ex. 0,25 % de plus sur un placement excédant 10 000 $).

Figure 7
Évolution des intérêts gagnés au fil du temps
(2 000 $ placé à 1 %, intérêts versés à l'échéance)

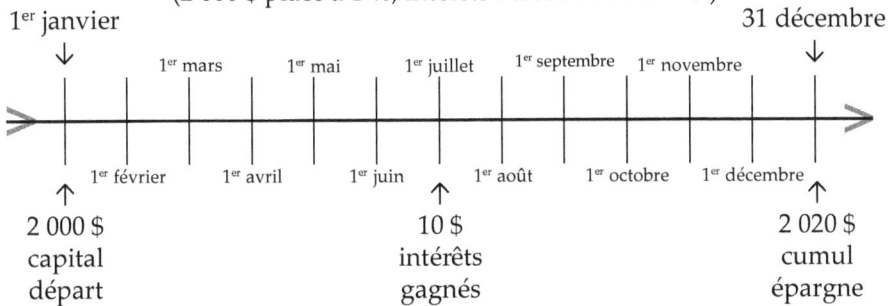

Travailleur autonome – Jeune entrepreneur

Il n'est pas très fréquent de relever un poste Placements dans le bilan d'une entreprise. Ce n'est tout simplement pas la principale raison d'être de ses activités courantes. Toutefois, tout surplus – même temporaire – devrait être placé dans un compte à part, rapportant de l'intérêt. Il arrive aussi qu'un entrepreneur veuille mettre de l'argent de côté en prévision de la réalisation d'un projet nécessitant une somme importante. À noter que pour des conditions identiques, le taux d'intérêt d'un placement au nom d'une entreprise est généralement inférieur à celui offert au particulier.

Le risque

Certains types de placement sont plus risqués que d'autres. On peut dire qu'un certificat de dépôt, décrit ci-dessus, est d'un risque nul. Le capital de base est garanti, c'est-à-dire qu'il demeure intact, peu importe le comportement des marchés financiers. On y additionne les revenus d'intérêts, selon des modalités de calcul connues à l'avance.

Même si le rendement augmente avec la durée du terme, ce type de placement est tout de même celui qui rapporte le moins. Pourquoi? Parce que l'épargnant ne risque pas de perdre son capital investi, et que son rendement est connu à l'avance. Pour un plus grand retour sur investissement (bénéfice/capital investi), il faut prendre davantage de risques. Les placements liés au marché boursier, présentés sommairement dans le tableau ci-dessous, sont susceptibles de hausser le rendement.

Tableau 15
Placements liés au marché[19]

Type de placement	Rendement	Caractéristiques
Placement à capital garanti **OU** **Placement garanti lié au marché** (PGLM) ↓ terme de 2 à 6 ans	• Rendement *partiellement* variable (ex. entre 1,6 % et 3,2 %) ↓ rendement minimum garanti **OU** • Rendement *totalement* variable selon la croissance des marchés (ex. de 0 % à 5 %). ↓ rendement non garanti	• Capital garanti récupéré par l'investisseur à l'échéance. • Rendement le plus souvent cumulé et remis à l'échéance du placement. • Potentiel de profiter de la croissance des marchés boursiers. • Pénalité à payer sur le retrait des sommes avant l'échéance sauf exceptions connues à l'avance.
Placement à capital NON garanti ↓ terme variable *NB Pour investisseurs avertis*	• Rendement *totalement* variable selon le comportement des marchés financiers ou la réalisation des prévisions.	• Montant qui sera récupéré à l'échéance (capital et intérêts) imprévisible. • Rendement varié (intérêts, dividendes, gains/pertes en capital) selon le type de placement.

Les placements liés au marché sont attrayants ces temps-ci, tout simplement parce que les taux d'intérêt sont actuellement très faibles sur les placements de base (Tableau 14). Il existe une grande variété de placements liés au marché. Parmi eux, les placements garantis liés au marché ou les PGLM (Tableau 15, 1er type) offrent l'avantage de

19 Les placements liés au marché se composent généralement de titres cotés en bourse quoique certaines institutions financières pourraient offrir la possibilité d'investir dans des petites et moyennes entreprises (PME) privées. Ce type de placement s'accompagne parfois d'avantages fiscaux intéressants.

protéger le capital investi tout en permettant à l'épargnant de profiter du potentiel de rendement supérieur des marchés boursiers. Puisque le risque se limite à la variabilité du rendement – parfois avec un minimum garanti –, ces placements sont intéressants et populaires. Une institution financière crée un produit de placement qu'elle nomme « Portefeuille Consommation », par exemple, composé d'un ensemble diversifié de titres d'entreprises cotées œuvrant dans la distribution d'articles de base. Un gestionnaire de portefeuille effectue ainsi diverses transactions sur différents titres, au bénéfice d'un grand nombre d'investisseurs. Ces derniers n'ont donc pas à investir par eux-mêmes à la bourse. À l'échéance, le placement est fermé et chacun des investisseurs reçoit sa part du rendement en proportion du capital initialement investi.

> **Risque plus élevé → Rendement « potentiel » plus élevé**

Lorsqu'on envisage un placement lié au marché, il faut déterminer le niveau de risque que l'on est prêt à accepter. Disons sommairement que ce risque peut être faible, modéré ou élevé[20]. Les placements à risque faible vont habituellement garantir le maintien du capital. Les titres choisis pour former ce type de placement offrant une performance boursière plus stable. Un rendement minimum est habituellement garanti. Les placements à risque élevé n'offriront probablement pas la garantie de maintien du capital. Les titres choisis pour former ce type de placement offrant une performance boursière, disons plus mouvementée. Certes, un potentiel plus élevé de rendement les accompagne; un potentiel de perte aussi. Il n'y a habituellement pas de rendement minimum garanti, qui peut donc s'avérer nul (Tableau 15, 2e type). La gestion du risque consiste à mesurer les conséquences possibles d'une situation afin d'agir en toute connaissance de cause. L'une des règles de base à l'investissement est la diversification qui consiste à répartir les sommes investies entre différents véhicules de placement. En d'autres termes, l'idée est « de ne pas mettre tous ses œufs dans le même panier » en diversifiant le type, les termes et le risque des placements choisis.

> **Il faut déterminer sa tolérance au risque.**
>
> **A-t-on les moyens
> de perdre une partie ou la totalité de l'argent investi?**

Les personnes qui désirent investir lorsque le capital de l'investissement n'est pas garanti doivent réaliser que cela comporte des risques et s'assurer

---

20 Un planificateur financier pourra aider à déterminer votre profil d'investisseur.

que cela correspond à leur profil d'investisseur, tout en tenant compte de leur capacité financière. Outre la possibilité de réaliser un rendement très faible, voire de 0 %, l'épargnant pourrait aussi perdre une partie, voire la quasi-totalité, du capital investi au départ. L'espoir incertain de quadrupler l'investissement en deux ans par l'acquisition d'actions d'une petite entreprise, par exemple, ne convient pas nécessairement à tous. En conclusion, qui dit marché boursier, dit variation dans le cours des titres, parfois à la hausse, parfois à la baisse. Nul ne devrait investir un montant d'un risque supérieur à ce qu'il pourrait supporter de perdre.

Les objectifs

Dans la considération du choix de placement qui convient, en matière de **durée** ou **terme**, de **rendement** et de **risque**, le but ou l'objectif de détention dudit placement doit être considéré. Lorsque l'argent mis de côté sera utile à court terme, disons pour un week-end prévu à New York dans deux mois, un compte bancaire distinct avec intérêt variable suffit. En fait, on se questionnera sur le type de placement qui convient lorsque l'objectif est à moyen ou à long terme. On peut ainsi placer immédiatement le montant dans un terme de trois ans lorsqu'il s'agit de l'échéance d'un projet. Ou encore, on peut monter un placement échéant dans trois ans par des dépôts réguliers tirés du compte d'opérations courantes les jours de paie (Tableau 14, 2ᵉ type). Étape par étape, la capacité de réalisation du projet prend forme. Quoiqu'il soit possible de laisser une somme d'argent dans un placement rachetable en tout temps pendant trois ans, il est préférable, pour un meilleur rendement, de viser l'appariement de l'échéance du placement avec la date prévue du projet désiré. Et puis, avantage non négligeable, les liquidités « gelées » dans un placement fixe sont à l'abri d'une décision de consommation n'allant pas dans le sens de vos projets à plus long terme.

Le Tableau 16 présente les régimes enregistrés auprès de l'État les plus courants, soit le REÉR, le CÉLI et le RÉÉÉ. Au départ, l'épargnant ouvre un compte attitré à l'un ou l'autre de ces régimes auprès d'une institution financière. Aidé d'un conseiller financier, s'il le désire, le cotisant choisit ensuite le type de placements qu'il souhaite y effectuer (Tableaux 14 et 15) en fonction de son profil d'investisseur. Moyennant certaines modalités, ces régimes vous permettent de placer vos économies à l'abri de l'impôt, ce qui contribue positivement à l'avoir financier de l'épargnant.

> épargne
> ↓
> valeur
> nette

Le REÉR permet la création d'un fonds pour la retraite, en visant l'équilibre financier (Figure 6, p. 56).

Le CÉLI permet l'accumulation de liquidités pour divers projets à moyen terme, quoiqu'il fasse régulièrement et assurément partie du plan de retraite.

Quant au REÉÉ, il a pour but la création d'un fonds pour les études postsecondaires d'enfants ou de petits-enfants (bénéficiaires).

> Régimes enregistrés → Avantages fiscaux

Tableau 16[21]
Régimes enregistrés de placements

Type de régime	Cotisations (capital investi)	Revenus du compte	Caractéristiques
Régime enregistré d'épargne-retraite (REÉR)	• Déductibles dans l'année de la cotisation OU déductibles dans l'année précédente (ex. en 2020) si effectuées dans les 60 premiers jours de l'année courante (ex. avant le 1er mars 2021). • Imposables dans les mains du bénéficiaire au moment du retrait.	• **Non** imposables tant que les placements demeurent dans le compte REÉR. • Imposables dans les mains du bénéficiaire (retraité ou conjoint du retraité) au moment du retrait.	• Plafond de cotisations (maximum) annuel de 18 % du revenu gagné l'année précédente pour un maximum de 27 230 $ en 2020. Ce montant inclut les cotisations effectuées par l'employé et par l'employeur au régime de pension agréé (Tableau 13). • Droits de cotisation passés inutilisés s'accumulent. • Sommes retirées ne peuvent être remplacées, c'est-à-dire que le droit à la déduction est alors perdu (sauf exception ex. RAP, p. 37). • Possibilité de planification entre conjoints.

21 Source : https://www.canada.ca/fr/services/impots/regimes-depargne-et-de-pension.html.

Type de régime	Cotisations (capital investi)	Revenus du compte	Caractéristiques
Compte d'épargne libre d'impôt (CÉLI) (souvent considéré comme complémentaire au REÉR)	• **Non** déductibles dans l'année de la cotisation. • **Non** imposables au moment du retrait.	• **Non** imposables tant que les placements demeurent dans le compte CÉLI. • **Non** imposables au moment du retrait.	• Plafond annuel (ex. 6 000 $ en 2020). • Droits de cotisation inutilisés s'accumulent.[22] • Sommes retirées peuvent être remplacées à compter de l'année suivante, c'est-à-dire que le droit à la déduction n'est pas perdu.
Régime enregistré d'épargne-études (REÉÉ) (individuel ou familial)	• **Non** déductibles par le cotisant (souscripteur). • **Non** imposables au moment du retrait (remis au cotisant ou au bénéficiaire).	• **Non** imposables tant que les placements demeurent dans le compte REÉÉ. • Imposables (incluant la subvention) dans les mains du bénéficiaire au retrait.	• Subvention de l'État variant entre 20 % et 40 % (selon revenu familial net) du capital investi (plafond annuel de 2 500 $) qui s'ajoute au capital investi.[23]

Les caractéristiques fiscales des régimes enregistrés, résumées au Tableau 16[2223], sont fort intéressantes et sont mises en place par l'État afin d'encourager l'épargne. Tant et aussi longtemps que les revenus s'accumulent à l'intérieur de l'un ou l'autre de ces comptes enregistrés, ils sont à l'abri de l'impôt. En ce qui concerne le REÉR et le REÉÉ, l'imposition des revenus gagnés est reportée. En général, vu la nature de ces régimes, on peut supposer qu'il vaut mieux payer l'impôt au moment du retrait des sommes épargnées que dans l'immédiat. En effet, le revenu du bénéficiaire retraité, et donc le taux d'imposition auquel son

---

22 Le CÉLI existe depuis 2009. Pour les personnes admissibles (âgées de 18 ans et plus), les droits de cotisation cumulatifs s'élèvent à 69 500 $ en 2020.

23 Le REÉÉ comprend diverses modalités qui requièrent les explications d'un professionnel. Le cotisant peut gérer lui-même les sommes qu'il y investit ou en confier la gestion à une entreprise financière externe.

revenu est soumis, est généralement plus bas au moment de la retraite. En outre, il est permis de cotiser au REÉR de son conjoint pour fins de fractionnement du revenu. Cela est avantageux lorsque le cotisant ayant un revenu plus élevé déduit la somme cotisée, mais que c'est le conjoint ayant le revenu le moins élevé, imposé à un taux inférieur, qui s'impose sur le montant au moment du retrait.[24] Nous reviendrons sur la considération du taux marginal d'impôt dans la section Les taxes et l'impôt (Tableau 1, p. 83). Une logique similaire s'applique aux retraits d'un REÉÉ puisque le bénéficiaire est une personne étudiante. Son revenu est généralement plus bas pendant la réalisation de ses études postsecondaires que l'était celui des proches qui ont épargné pour elle. En somme, l'idée de ces deux régimes est de permettre l'imposition des revenus gagnés à un moment ultérieur, lorsque le taux d'imposition sera moins grand. Quant au CÉLI, les revenus gagnés à l'intérieur de ce régime ne sont jamais imposables, qu'ils soient retirés ou non.[25]

Supposons que Lyne investit 7 000 $ dans son REÉR. Aidée de son conseiller financier, elle choisit de placer cette somme dans un placement à terme de cinq ans rapportant 5 %. La figure 8 montre l'évolution de son placement qui s'élèvera à 8 933,97 $ à l'échéance. Lorsqu'il s'agit d'un régime enregistré, les intérêts gagnés sont conservés à l'intérieur même du compte de placement enregistré. Il y a donc de l'intérêt sur les intérêts qui s'accumule. Si l'on continuait les calculs ci-dessous pendant trente ans, toujours à 5 %, le placement initial de 7 000 $ de Lyne serait rendu à 30 253,60 $. Au taux de 4 %, il serait rendu à 22 703,78 $.

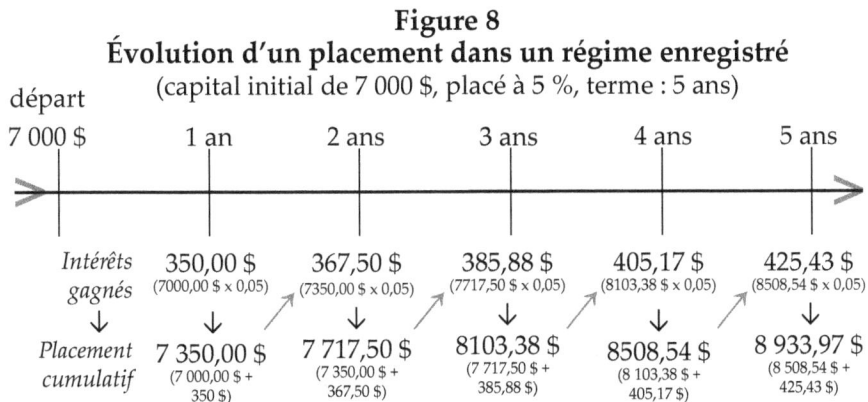

Figure 8
Évolution d'un placement dans un régime enregistré
(capital initial de 7 000 $, placé à 5 %, terme : 5 ans)

départ	1 an	2 ans	3 ans	4 ans	5 ans
7 000 $					

	1 an	2 ans	3 ans	4 ans	5 ans
Intérêts gagnés	350,00 $ (7000,00 $ x 0,05)	367,50 $ (7350,00 $ x 0,05)	385,88 $ (7717,50 $ x 0,05)	405,17 $ (8103,38 $ x 0,05)	425,43 $ (8508,54 $ x 0,05)
Placement cumulatif	7 350,00 $ (7 000,00 $ + 350 $)	7 717,50 $ (7 350,00 $ + 367,50 $)	8103,38 $ (7 717,50 $ + 385,88 $)	8508,54 $ (8 103,38 $ + 405,17 $)	8 933,97 $ (8 508,54 $ + 425,43 $)

Pour tout placement effectué dans un compte enregistré, **plus tôt la cotisation se fait, mieux c'est**. Prenons le REÉR, par exemple, où

---

24 Si une personne retire de son REÉR les sommes cotisées par son conjoint dans les trois ans suivant la cotisation, le montant du retrait sera plutôt ajouté au revenu du conjoint cotisant.

25 Emprunter pour cotiser? Sachez que les intérêts payés sur un emprunt effectué dans le but de cotiser au REÉR, au CÉLI ou au REÉÉ ne sont pas déductibles d'impôt. S'il s'agissait d'investir dans un placement non enregistré, ils le seraient.

certaines personnes attendent la fin du mois de février pour cotiser. L'épargnant devrait plutôt songer à le faire dès que possible, par versements préautorisés à chaque date de paie, s'il le faut. Pour fins d'illustration, supposons que Lyne cotise la même somme de 7 000 $ à son REÉR, mais douze mois plus tôt, à 5 %. Cela fera une différence d'environ 1 590 $ sur l'argent disponible à la retraite dans trente ans. Imaginez le montant cumulatif pour quelqu'un qui le fait chaque année de sa vie active.

Outre l'avantage certain de planifier la qualité de vie à la retraite, cotiser à son REÉR est financièrement avantageux. Puisque les cotisations au REÉR sont déductibles d'impôt, on peut dire que la somme nette cotisée par Lyne est inférieure à 7 000 $. En supposant qu'elle gagne un revenu annuel de 125 000 $, une cotisation de 7 000 $ à son REÉR lui fera économiser environ 3 325 $ d'impôt. Le montant net (ou investissement net) sorti de sa poche est de 3 675 $ (7 000 $ - 3 325 $) pendant que le rendement, quant à lui, sera calculé sur le montant de 7 000 $. Il en coûte donc 3 675 $ pour investir 7 000 $. Il y a certes un délai, car il faut débourser 7 000 $ dans l'immédiat, pour récupérer 3 325 $ plus tard, mais c'est très avantageux. À la réception du remboursement d'impôt de 3 325 $, Lyne pourrait immédiatement cotiser à son REÉR pour l'année courante, ou encore, effectuer un placement dans le CÉLI ou le REÉÉ.

> **Il est préférable d'investir plus tôt que plus tard.**

À moins de circonstances vraiment exceptionnelles, comme le régime d'accession à la propriété résidentielle (RAP, p. 37), on ne devrait pas sortir prématurément l'argent de son compte REÉR. Ce serait perdre une somme forcément significative d'épargne et d'investissement, laquelle vous sera probablement plus utile à la retraite.

> **Travailleur autonome – Jeune entrepreneur**
>
> Puisque les revenus d'un travailleur autonome peuvent fluctuer d'une année à l'autre, certains vont préférer, du moins en partie et à moyen terme, investir dans un CÉLI. C'est qu'il est plus facile d'accéder à l'argent de ce compte, comparativement à celui du REÉR. Il faudra néanmoins, à plus long terme, que l'entrepreneur songe à amasser suffisamment d'argent pour sa retraite.

La question se pose à savoir s'il est préférable de payer ses dettes ou d'investir dans l'un des régimes enregistrés. La réponse à cette question n'est pas simple. On doit prendre en compte de nombreuses variables, comme la situation financière, l'ampleur des excédents budgétaires et autres informations personnelles (ex. âge, situation familiale, projets). Chaque situation étant distincte, il n'y a pas de solution valable pour tout le monde. Voici tout de même quelques éléments pouvant nourrir votre réflexion. Comme mentionné tout au début de la présente section, étant donné leur taux de financement élevé, il est préférable de payer les dettes à court terme (cartes de crédit et marges de crédit) dès que possible. On peut aussi envisager de payer – du moins partiellement – les dettes à moyen terme. Que faire ensuite? Effectuer un remboursement anticipé sur l'hypothèque? Cela demande la considération de l'horizon moyen-long terme des événements. Une dette hypothécaire se rembourse sur plusieurs années, au même moment où l'on songe à la planification des études des enfants, de la retraite ou d'autres projets de vie. Il ne serait donc pas réaliste d'attendre d'avoir remboursé l'entièreté de son emprunt hypothécaire pour cotiser au REÉÉ de ses enfants ou à son REÉR personnel. L'idéal étant le plus souvent de rembourser la dette à long terme en concomitance avec des cotisations aux différents régimes enregistrés, dans un équilibre financier planifié. Comme mentionné ci-dessus, investir plus tôt accélère l'accroissement du capital et de la valeur nette à son bilan personnel.

Supposons que Sylvain dispose d'un surplus budgétaire de 2 500 $; surplus non affecté à un projet donné. Doit-il faire des remboursements anticipés sur emprunt hypothécaire ou cotiser à l'un de ses comptes enregistrés? Commençons tout d'abord par comparer l'économie d'intérêt avec le rendement du placement. De ce strict point de vue, entre payer l'hypothèque qui coûte 5 % en intérêt et investir dans un compte enregistré qui rapporte 3 %[26], par exemple, le choix « semble » clair. En effectuant une remise sur hypothèque de 2 500 $, Sylvain économise 125 $ d'intérêt (2 500 $ X 0,05) par année. En effectuant un placement de 2 500 $, Sylvain obtiendra des revenus d'intérêts de 75 $ (2 500 $ X 0,03) par année. Lorsqu'il s'agit de choisir entre l'hypothèque et le CÉLI, on se dit qu'il vaut mieux économiser 5 % que de recevoir 3 %.

Il faut toutefois continuer l'analyse lorsqu'on songe au REÉR, car la possibilité de déduire les cotisations peut changer la façon de voir les choses. En supposant que Sylvain gagne un revenu annuel de 75 000 $, il pourra obtenir une économie d'impôt d'environ 930 $ sur sa cotisation REÉR de 2 500 $.

REÉR	
Revenus d'intérêts	75 $
Somme investie	2 500 $
Économie d'impôt	-930 $
NET	1 570 $
Rendement (75/1570)	4,78 %

On peut ainsi dire que c'est **comme si** l'investissement net (somme sortie de sa poche) était de 1 570 $ (2 500 $ - 930 $). Sur cette base, le rendement

---

26 Pour fins d'illustration, nous supposons que les intérêts gagnés au sein de chacun des trois régimes enregistrés sont calculés au même taux de 3 %.

sur le capital investi serait plutôt de 4,78 % (75 $ / 1 570 $), ce qui est très près du taux d'intérêt de 5 % sur l'hypothèque.

On peut aussi continuer l'analyse si l'on songe au REÉÉ, car la possibilité d'une subvention de l'État peut changer la façon de voir les choses. Outre le revenu d'intérêts de 75 $, la réception de la subvention de 750 $ (2 500 $ X 30 %) augmente assurément le rendement sur le capital investi de Sylvain. On peut ainsi dire que c'est **comme si** les revenus étaient de 825 $ (75 $ + 750 $), pour un rendement de 33 % (825 $ / 2 500 $) *dans l'année de la cotisation*. Au cours des années suivantes, les revenus seront générés sur la somme souscrite cette année-là de 3 250 $ (2 500 $ souscripteur + 750 $ subvention).

REÉÉ	
Revenus d'intérêts	75 $
Subvention	750 $
Total	825 $
Somme investie	2 500 $
Rendement (825/2500)	33 %

Choisir où va l'argent exige la prise de recul. Il faut certes tenir compte des différences de taux entre deux véhicules financiers, mais aussi des implications fiscales, et de ses objectifs à moyen et à long terme.

La propriété résidentielle

L'acquisition d'une maison, d'un condo ou d'un chalet s'effectue pour diverses raisons, financières et non financières.[27] Le propriétaire d'une maison peut désirer un environnement mieux adapté au confort de sa famille ou se créer un chez-soi personnalisé, par exemple. D'un point de vue financier, devenir propriétaire de sa résidence exige de considérer de manière objective et réaliste tous les coûts qui en découlent, pour un choix éclairé. La stricte comparaison du loyer économisé avec le versement hypothécaire serait assurément incomplète.

Couvrir la mensualité hypothécaire est une chose.
Couvrir les dépenses reliées à la propriété résidentielle en est une autre.

Certaines personnes considèrent la propriété résidentielle comme étant une forme de placement. De manière générale, disons qu'un bien immobilier acheté aujourd'hui se revend plus tard, dans dix, vingt ou quarante ans, à un prix plus élevé que le coût initial. Ce serait, de ce point de vue, un moyen de faire fructifier son argent (avoir financier). La perspective de revendre une propriété résidentielle à un prix plus élevé

27 La décision de demeurer dans un logement locatif ou d'acheter une propriété n'est pas simple et pourrait, à elle seule, faire l'objet d'un volume entier. Ici, mon objectif est d'abord de sensibiliser sur la nécessité de considérer tous les coûts, courants et non courants. J'aborde ensuite le rôle de la détention d'une propriété sur la détermination de la valeur nette d'un individu.

que ce qui a été payé initialement peut s'intégrer au plan de retraite.[28]

Il faut prendre conscience qu'en « investissant » dans une propriété, on perd quelque chose autre part. Un individu qui effectue une mise de fonds de 65 000 $ pour l'acquisition d'une propriété, par exemple, sacrifie ainsi la possibilité de gagner des revenus de placement sur cette somme, ainsi que sur les sommes qu'il y investit par la suite, ou qu'il renonce vraisemblablement à certaines activités pour le faire. Du strict point de vue financier, il faut être conscient que l'achat n'est pas nécessairement le meilleur investissement. Prenons l'exemple d'un condo au centre-ville requérant des sorties de fonds régulières (frais de copropriété, taxes, assurances, etc.) qui peuvent s'avérer importantes. Certaines personnes croient qu'elles pourront récupérer tous leurs déboursés. C'est rarement le cas, en particulier lorsqu'il s'agit de dépenses de base inhérentes au statut de propriétaire. Sachez aussi que rien ne garantit que la valeur du condo augmentera avec le temps. Il y a un risque, par exemple, que les gens déménagent en région afin de travailler de la maison.

Tout au long de la détention de la propriété résidentielle, le propriétaire va engager des dépenses, pour la maintenir en bon état et pour l'améliorer. Il y a une différence entre les deux (Tableau 17). **Maintenir** comprend l'entretien et les réparations de nature courante, normale et préventive, généralement d'une ampleur limitée. Le budget devrait automatiquement prévoir une somme annuelle pour la maintenance d'une propriété (Tableau 1, p. 6). On dit de ces dépenses qu'elles maintiennent la propriété en bon état. **Améliorer** signifie l'ajout d'éléments de nature non courante à la propriété. Ces dépenses, non récurrentes, ont un impact sur plusieurs années. Étant donné leur ampleur, celles-ci doivent être planifiées et budgétées à part et en supplément des dépenses courantes. On dit des dépenses d'amélioration qu'elles contribuent à l'augmentation de la valeur marchande de la propriété, compte tenu de leur état au moment de la vente. On les dit ainsi « capitalisables » dans le sens où elles s'ajoutent au coût initial de la propriété résidentielle.

Tableau 17
Exemples de dépenses pour Maintenir ou pour Améliorer

Entretien et réparations (nature répétitive)	Améliorations (nature non répétitive)
• Ramonage de la cheminée	• Rénovation de la salle de bain
• Nettoyage des gouttières	• Changement de fenêtres
• Pelouse et aménagement saisonnier	• Aménagement du sous-sol
• Déneigement	• Asphalte de l'entrée

28 Nous verrons un peu plus loin, dans la section La prise de décision (p. 94), que 1 $ aujourd'hui n'a pas la même valeur que dans cinq ans, par exemple.

COÛT ≠ VALEUR

Il y a une différence fondamentale entre le coût et la valeur. Le coût est le prix payé lors de l'acquisition, auquel s'additionnent les frais nécessaires à l'achat. Il s'agit en quelque sorte du capital initial « investi ». On considère ensuite que le coût des améliorations s'ajoute à ce capital (Tableau 18). La valeur est le prix auquel on peut vendre la propriété. Cette valeur, qui évolue au fil du temps, est variable et difficile à prévoir avec certitude avant le moment venu. Nonobstant les caractéristiques intrinsèques de l'habitation offerte, il faut tenir compte de la loi de l'offre et de la demande. On s'attend en général à ce que la valeur d'une propriété augmente avec le temps. Toutefois, pour diverses raisons, celle-ci peut demeurer stable ou même diminuer. Un quartier peut être moins à la mode, ou encore, de nouvelles circonstances peuvent défavoriser la vente, telle l'inondation du printemps précédent. Retenons que la valeur d'une propriété est également influencée par la quantité de maisons offertes sur le marché comparée à la quantité d'acheteurs intéressés.

Prix de vente net - Coûts cumulatifs = Profit

Puisque la valeur à la vente est habituellement supérieure aux coûts cumulatifs, le propriétaire dégage généralement un surplus (ou profit) qu'on appelle aussi gain en capital. Vous comprendrez qu'il est également possible que la transaction représente une perte pour le vendeur, lorsque l'addition de tous les coûts relatifs à la propriété, incluant les améliorations (coûts non récurrents), excède le prix de vente net. En outre, il faut être conscient d'une chose fondamentale. L'ajout d'un gazebo ayant coûté, disons 6 000 $, ne signifie pas nécessairement que la valeur de la propriété augmente de 6 000 $. On dit parfois que la valeur ajoutée de certaines additions ou rénovations excède à peine 50 % de leur coût. Le strict principe de l'augmentation de la valeur par la capitalisation des améliorations à la propriété ne justifie habituellement pas ce genre de dépenses.

Pour fins d'illustration, utilisons l'exemple de l'acquisition de la résidence de Pierre-Luc, exemple présenté dans la section précédente Le financement (p. 38). En sus des coûts à l'achat de 325 000 $, supposons que Pierre-Luc a dépensé environ 55 000 $ au cours des

Profit sur vente	
Coûts à l'achat	325 000 $
Coût des améliorations	55 000 $
Coûts totaux	380 000 $
Prix de vente net	405 000 $
Coûts totaux	-380 000 $
Profit (surplus)	25 000 $

années suivantes pour des améliorations à sa propriété, pour un total de 380 000 $. En vendant sa maison au prix de vente net de 405 000 $, on peut dire qu'il réalise un profit de 25 000 $.[29] En d'autres termes, la notion de profit consiste à faire la différence entre le prix de vente net d'un bien et son coût total.

Tableau 18[30]
Calcul du coût et du prix de vente d'une propriété résidentielle

Exemples de dépenses à payer à l'achat et à la vente d'une propriété	
Frais directs à l'achat	**Frais reliés à la vente**
• Frais du notaire	• Certificat de localisation
• Droits de mutation[30] (taxe de bienvenue)	• Frais de quittance hypothécaire (incluant les pénalités, s'il y a lieu)
• Frais d'inspection préachat	• Frais de courtage immobilier
• Frais d'évaluation de la propriété	• Publicité (ex. visite virtuelle)

Prix de vente
- Frais reliés à la vente
= **PRIX DE VENTE NET**

Coût d'acquisition + Coût = **COÛTS**
+ des **CUMULATIFS**
Frais directs à l'achat améliorations (prix de base
= **Coût à l'achat** (Tableau 17) rajusté)

Profit et liquidité sont deux notions différentes. Lorsqu'on vend une propriété, comme le fait Pierre-Luc pour 405 000 $, il faut retenir que ce prix de vente entendu n'est pas automatiquement l'équivalent d'une rentrée de fonds. Outre les frais reliés à la vente de la propriété (Tableau 18), Pierre-Luc devra s'acquitter du solde ou de la balance de l'emprunt hypothécaire au jour du transfert. Comme discuté dans la section Le financement, au fil du temps, la dette diminue à chacun des versements hypothécaires. Au fur et à mesure que celle-ci diminue, la valeur nette appartenant au propriétaire augmente. Cette valeur nette,

---

29 Le calcul du profit ou de la perte (gain ou perte en capital) est similaire lorsqu'il s'agit d'un immeuble locatif.

30 Il existe des situations où le « nouveau » propriétaire est exempté de payer le droit de mutation. Il en est ainsi lorsque le transfert se fait entre personnes ayant un lien de parenté direct : d'un fils à ses parents, d'un parent à ses enfants ou d'un grand-parent à ses petits-enfants. Le transfert entre conjoints, mariés ou vivant maritalement ensemble pendant plus de douze mois avant le transfert, est également exonéré.

qui contribue positivement au bilan personnel de l'individu, n'est pas l'équivalent d'une somme d'argent dans le compte bancaire. **On doit vendre la propriété pour convertir l'actif en liquidités.** Pour faire suite à l'exemple de Pierre-Luc, si l'on veut déterminer à combien le montant des liquidités s'élève, il faut obtenir le solde dû de l'emprunt hypothécaire au jour de la vente. En supposant que cette vente survient cinq ans après l'acquisition, l'emprunt hypothécaire restant à payer s'élève au montant arrondi de 216 983 $ (Tableau 7-2, p. 39). Une fois la vente finalisée, il restera donc une somme de 188 017 $ (405 000 $ - 216 983 $) dans les poches de Pierre-Luc. Cette somme pourrait être investie dans une épargne en vue de la retraite, par exemple.

> valeur de la propriété
> - hypothèque
> = valeur nette
> ↓
> bilan personnel
> (p. 27)

Prix de vente net - Emprunt hypothécaire restant à payer = Valeur nette

405 000 $ - 216 983 $ = 188 017 $ (liquidités)

Prix de vente net - Coûts cumulatifs totaux = Profit

405 000 $ - 380 000 $ = 25 000 $ (gain en capital)

Valeur nette ou Liquidités ≠ Profit ou Gain en capital

Le profit ou le gain (ou perte) en capital se calcule lors de la vente. Pour une propriété résidentielle désignée, le gain en capital n'est pas imposable.[31] Ainsi, dans notre exemple, on peut dire que Pierre-Luc bénéficie d'un surplus ou d'un profit *non* imposable de 25 000 $. Notons que cette exonération d'imposition du gain en capital s'applique à une seule résidence à la fois, par année, par famille. En d'autres termes, un particulier détenant un condo au centre-ville et un chalet en campagne pourra profiter de l'exemption pour une seule de ses résidences, au cours d'une même année. Le propriétaire choisira naturellement d'exempter le gain en capital le plus élevé des deux. Étant donné cette règle fiscale, certaines personnes font l'exercice régulier d'acheter une propriété, de l'habiter tout en la rénovant, pour la revendre quelque temps plus tard avec profit. Puis, ils recommencent. C'est une forme de placement pour eux. Ils investissent leur argent et leur temps dans l'objectif de récupérer le capital investi, additionné d'un profit non imposable. Bien que peut-être plus risqué, le rendement sera habituellement plus élevé que celui d'un simple placement dans un certificat de dépôt. Notons finalement qu'une perte en capital créée par la vente d'une résidence n'est pas déductible.

---

31 Source : https://www.canada.ca/fr/agence-revenu/services/impot/particuliers/sujets/tout-votre-declaration-revenus/declaration-revenus/remplir-declaration-revenus/revenu-personnel/ligne-127-gains-capital/residence-principale-biens-immobiliers.html.

LES TAXES ET L'IMPÔT

« Dans la gestion de ses affaires,
les taxes et l'impôt font partie de l'équation. »

LES TAXES ET L'IMPÔT

LES TAXES

C'est indéniable. Les taxes s'ajoutent au coût de la grande majorité de ce que nous consommons.[32] L'achat d'un vêtement étiqueté 100 $ coûtera exactement 114,98 $, disons 115 $ arrondi. Les dépenses prévues au budget sont des montants *après* les taxes alors que le prix des biens et services est habituellement présenté au consommateur *avant* les taxes. Un budget de 300 $ en habillement, par exemple, ne vous permet donc pas de faire des achats pour 300 $, mais pour environ 260 $; 261,44 $ pour être plus précis. Ainsi, ajouter automatiquement 15 % aux prix que vous lisez sur les étiquettes pendant votre magasinage est une bonne habitude. Lorsqu'on effectue le calcul des taxes seulement au moment de passer à la caisse, il est alors plus difficile de choisir quels achats retirer de son panier. Le risque est de dépasser le budget initialement prévu.

---

300 $, AVANT OU APRÈS TAXES?

Avant : 300 $ + 15,00 $ (TPS) + 29,25 $ (TVQ) = 344,25 $

Après : 261,44 $ + 13,07 $ (TPS) + 25,49 $ (TVQ) = **300 $**

Pour attirer l'attention des clients, certaines publicités vont mentionner quelque chose comme « Nous payons les deux taxes. » ou « Les taxes sont incluses dans les prix. ». Il faut comprendre que c'est tout simplement un moyen différent de vous accorder un rabais. Les taxes à la consommation sont inévitables. Vous remarquerez d'ailleurs que la facture d'un achat « taxes comprises » de 300 $ présentera le coût d'achat à 261,44 $, suivi de la TPS et de la TVQ, pour un montant final de 300 $. Notons aussi que ce ne sont pas tous les biens et tous les services qui sont assujettis à ces deux taxes. Les livres imprimés, par exemple, sont exemptés de la TVQ et sont donc seulement soumis à la TPS de 5 %. D'autres biens, comme les produits alimentaires de base et les médicaments sur ordonnance, sont détaxés (c'est-à-dire taxables au taux de 0 %).

Le travail sans taxes

Certains individus ou certaines entreprises peuvent vous inciter à payer ce que vous leur devez en argent comptant afin d'éviter les taxes. Un travail évalué à 300 $, par exemple, devrait coûter 344,25 $, lorsque terminé. Or,

---

32 En 2020, la Taxe sur les produits et services (TPS) est de 5 % et la Taxe de vente du Québec (TVQ) est de 9,975 %, pour un cumulatif de 14,975 % (ou 15 % arrondi).

on pourrait vous offrir de payer seulement 300 $ – vraisemblablement sans facture –, ce qui vous permettrait « d'économiser » 44,25 $. Bien que l'offre soit tentante, sachez que c'est une pratique illégale. Celui qui vous fait ce « cadeau » en retire un avantage financier plus important que celui qu'il vous offre, en ne déclarant pas ce revenu. En supposant un taux d'imposition de 20 %, ce vendeur évite de payer 60 $ d'impôt (300 $ X 20 %). Les taxes à la consommation doivent être payées par le client au vendeur, puis remises par le vendeur à l'État. En ne le faisant pas, le vendeur manque à son obligation de prélever les taxes comme il se doit et l'État ne reçoit pas son dû. En outre, en tant que participant à ce genre de transaction, vous devenez complice.

Un achat « taxes incluses » effectué en bonne et due forme? OUI!
Un achat « taxes incluses » effectué pour éviter les taxes? NON!
Demandez une facture officielle au marchand.

Un commerçant qui vend un produit 300 $ taxes incluses et qui décortique le montant adéquatement sur la facture va comptabiliser une vente à 261,44 $. Il respecte la loi. Un commerçant qui demande 300 $ en argent comptant « pour sauver les taxes » va mettre 300 $ dans ses poches sans déclarer la vente au fisc. Il ne respecte pas la loi. Dans notre société, tout bien ou service échangé devrait s'accompagner d'une facture. Certes, la facture du café et du muffin achetés au coin de la rue ne vous est pas très utile. Sachez toutefois qu'en l'absence de facture, il ne vous sera pas possible de vous faire rembourser ou de faire valoir une quelconque garantie sur des travaux incomplets ou mal exécutés, par exemple.

Travailleur autonome – Jeune entrepreneur

Lorsqu'un fournisseur de biens ou de services est inscrit aux fichiers de la TPS et de la TVQ, il doit naturellement ajouter le montant des deux taxes sur les factures à ses clients. Il joue un rôle de fiduciaire puisqu'il prélève, au nom de l'État, les taxes à la consommation. Ces sommes ne lui appartiennent pas. Ce n'est ni un revenu ni un moyen de financement. L'argent ainsi prélevé devrait être gardé dans un compte bancaire à part jusqu'à sa remise à l'État, à la date prévue dans les règlements. Dans le budget de trésorerie de l'entreprise, c'est une entrée, puis une sortie de fonds, d'un même montant, pour un net de 0 $. Ce n'est ni un revenu ni une dépense. Il en est de même des DAS prélevées sur la paie des employés.

L'IMPÔT

Le temps des impôts n'est pas toujours une période accueillie avec le sourire, en particulier lorsqu'on n'est pas familier avec le sujet. Pour les personnes à l'aise avec un ordinateur, dans une situation fiscale relativement standard requérant des décisions simples, je suggère l'usage d'un logiciel d'impôt. En suivant pas à pas les diverses étapes présentées, la préparation des déclarations fiscales se fait généralement bien. Aussi, plusieurs comptables et fiscalistes offrent un service de qualité à un prix raisonnable. Compte tenu des nombreuses particularités des règles fiscales provinciales et fédérales – qui diffèrent sur certains points –, il est préférable de faire appel à un spécialiste si vous avez de la difficulté à vous y retrouver. Un exercice bien fait vous permet de respecter la loi tout en vous assurant de minimiser les impôts à payer.[33]

Le revenu imposable

Pour chaque année civile, tout citoyen doit calculer son revenu imposable, c'est-à-dire la base sur laquelle les impôts à payer, au provincial et au fédéral, seront calculés. Pour le formuler simplement, disons que tout revenu gagné à la suite d'un travail exécuté pour un employeur ou pour un client est imposable. Il en est de même des revenus d'intérêts sur placements, à l'exception de ceux générés et conservés dans un régime enregistré (Tableau 16, p. 63-64).[34] Le revenu net d'une entreprise est imposable, de même que le revenu net de location. **Tous ces revenus sont imposables dans leur entièreté, à 100 %.**

Les profits réalisés sur la vente de biens à usage personnel (ex. meubles, véhicules, vêtements) sont imposables, eux aussi, mais à 50 %. Notons toutefois, afin d'éviter la déclaration d'une multitude de petites transactions, que la loi suppose automatiquement un prix minimum de vente de 1 000 $ et un coût (prix de base rajusté) minimum de 1 000 $. Lorsque Dominic, par exemple, vend à 900 $ le véhicule qu'il avait payé 800 $, le profit de 100 $ n'a pas à être déclaré puisque le calcul requis ramène ce montant à 0 $ (1 000 $ - 1 000 $). Par contre, la vente du véhicule de Jacques ayant coûté 900 $ au prix de 1 200 $ occasionnera un profit de 300 $ (1 200 $ - 900 $), mais un gain fiscal de 200 $ (1 200 $ - 1 000 $). Jacques devrait donc ajouter 50 % de ce gain, soit 100 $, à son revenu imposable. Mise à part la propriété résidentielle (revoir p. 72),

---

33 Le but de cette section est de vous informer sur des éléments de base de la fiscalité des particuliers. Pour une planification fiscale personnelle ou entre conjoints optimisée, en présence d'éléments inhabituels ou complexes, les services professionnels d'un fiscaliste sont suggérés.

34 Vous comprendrez certainement que la législation fiscale contient un grand nombre de règles et d'exceptions. Cela dépasse le cadre du présent ouvrage. Gardons les choses simples où la logique de base est expliquée. Sources de la présente section : Revenu Canada et revenu Québec.

mentionnons qu'il n'est pas très fréquent de réaliser un gain sur la vente de biens personnels puisque leur valeur diminue généralement avec le temps. Qu'à cela ne tienne, le profit sur vente de ce type de biens est un gain en capital imposable à 50 % alors qu'une perte en capital ne serait pas déductible.[35] En d'autres termes, le fisc impose les gains, mais ne permet pas la déduction des pertes sur les biens à usage personnel.

Mais attention! Il y a une différence importante entre la vente occasionnelle d'un bien personnel et l'activité répétée de vendre le même type de biens. Le profit réalisé dans le deuxième scénario pourrait devenir du revenu d'entreprise. Réparer un vélo pour le vendre à profit une fois, c'est du gain en capital potentiellement imposé à 50 %; compte tenu de la règle du 1 000 $. Le faire régulièrement? Acheter systématiquement des vélos usagés dans l'intention de les réparer pour les revendre à profit? Cela devient du revenu d'entreprise, le profit est alors imposable à 100 %; la règle du minimum de 1 000 $ ne s'appliquant plus.

Tableau 19
Exemples de revenus imposables et non imposables

Exemples de revenus imposables
• Revenus d'emploi
• Bonis et commissions
• Avantages imposables
• Revenus de placement (intérêts, dividendes, 50 % gains en capital)
• Prestations d'assurance-emploi
• Pension et rentes de retraite
• Revenu net (ou perte) d'une entreprise
• Revenus nets de location (immeuble locatif ou autre)

Exemples de revenus non imposables
• Gain sur vente de la maison principale (une à la fois)
• 50 % gains en capital
• Gains de loterie, Cadeaux et Héritages

Travailleur autonome et Entreprise non incorporée
Revenus bruts
– Dépenses déductibles
Revenu net (ou perte)

La valeur de certains « avantages » fournis par l'employeur à l'employé peut être imposable. Cela dépend de la nature de ce qui est donné ou fourni; de l'usage qui en est fait. Lorsque, par exemple, un employeur

---

35 Pour les biens meubles déterminés, comme les œuvres d'art, les bijoux et objets de collection (ex. timbres), le gain en capital est imposable à 50 % et la perte en capital est déductible à 50 %, mais seulement à l'encontre de gains en capital. La logique est similaire lorsqu'il s'agit de disposer de titres d'actions acquis directement ou par l'entremise d'un fonds commun de placement. En règle générale, 50 % (½) du gain ou de la perte en capital devient respectivement le gain en capital imposable ou la perte en capital déductible.

fournit un casque de protection à ses employés sur le chantier de construction, ce n'est pas imposable. Pourquoi? Parce que cela fait partie intégrante de ce qui est nécessaire au travail requis par l'employeur. Le remboursement des frais de déplacement ou d'une formation suivie par l'employé, en relation avec son travail, ne sera pas imposable non plus. Toutefois, lorsque l'employeur offre des biens, des services ou des rabais *sans* contrepartie reliée au travail, disons que c'est habituellement imposable, sous certaines modalités de calcul. Pourquoi? Parce qu'il s'agit de dépenses personnelles. Supposons, par exemple, que l'institution financière où travaille Hélène lui accorde une réduction de taux d'intérêt sur son emprunt hypothécaire (prêt à taux d'intérêt réduit). Ainsi, au lieu d'avoir déboursé 11 270 $ en intérêts au taux prescrit au cours de la dernière année, Hélène a plutôt déboursé 10 270 $. La différence de 1 000 $, accordée en tant que privilège à une employée, est un avantage imposable. Il sera inscrit sur les feuillets d'emploi annuels (T4 État de la rémunération payée et Relevé 1 Revenus d'emploi et revenus divers) et devra être rapporté dans les déclarations fiscales d'Hélène.

Travailleur autonome – Jeune entrepreneur

En règle générale, une entreprise doit calculer son revenu net selon la méthode de la comptabilité d'exercice. Cette méthode prend en compte tous les revenus « gagnés » au cours de l'exercice (reçus ou à recevoir) ainsi que toutes les dépenses « engagées » au cours de l'exercice (payées ou à payer). En d'autres termes, les revenus et les dépenses de l'état des résultats d'une période donnée y sont inscrits au moment où l'événement survient, sans égard au moment où ils font l'objet d'une entrée ou d'une sortie de fonds.

Pour fins de calcul du revenu net imposable,
les autorités fiscales exigent de la plupart des entreprises
l'usage de la comptabilité d'exercice.

Ce « décalage » entre l'encaissement des revenus et leur imposition doit être considéré dans la planification de la trésorerie, car l'entrepreneur paie alors de l'impôt sur des sommes qu'il n'a pas nécessairement reçues de ses clients. Il en est de même des taxes à la consommation (TPS et TVQ) qui doivent être remises à l'État sur la base de ce qui est facturé – et pas nécessairement encaissé – aux clients.

Les dépenses déductibles

Précisons tout d'abord que les dépenses personnelles ainsi que la plupart des dépenses « indirectement reliées » à un emploi « standard » ne sont pas déductibles. L'essence pour se rendre au travail, les vêtements pour le bureau ou la collation achetée à la pause ne le sont pas, par exemple. Une personne qui demeure plus loin qu'une autre de son lieu de travail n'a pas davantage de déductions fiscales. Ce qui peut être déductible, ce sont les dépenses payées par l'employé, **nécessaires à l'emploi, mais qui ne sont pas remboursées par l'employeur.** On pense ainsi aux fournitures de bureau. Selon certaines modalités, les frais de repas, de déplacement et d'hébergement le sont aussi; encore une fois si nécessaires à l'emploi et non remboursés par l'employeur.

Travailleur autonome – Jeune entrepreneur

Les frais reliés au bureau à domicile sont déductibles seulement s'il s'agit du principal lieu de travail et que le bureau est utilisé exclusivement pour gagner le revenu d'entreprise et rencontrer régulièrement les clients. L'entrepreneur pourra alors déduire une partie des frais reliés à l'habitation, le plus souvent calculé en fonction de la superficie (bureau / habitation). On peut penser à une partie du loyer et de l'électricité, pour un logement. On peut penser à une partie des intérêts hypothécaires, des taxes municipales, de l'électricité et de l'entretien, pour une propriété résidentielle.

Comme montré au Tableau 20, on remarque deux grandes catégories de dépenses déductibles[36]. Premièrement, certaines dépenses admissibles *diminuent directement le revenu imposable*, telles les cotisations professionnelles. En d'autres termes, le particulier « économise » l'équivalent de son taux d'imposition sur le plein montant ainsi déduit. Francis, par exemple, imposé au taux marginal d'impôt de 37,12 %, économisera 371,20 $ (37,12 % X 1 000 $) sur la cotisation payée de 1 000 $.

Deuxièmement, certaines dépenses *diminuent l'impôt à payer* sous la forme d'un crédit d'impôt calculé fréquemment en pourcentage des dépenses admissibles. Au provincial, par exemple, le particulier obtient son crédit pour frais médicaux en appliquant un taux de 20 % au montant des frais admissibles qui excède 3 % du revenu familial net. Ces crédits d'impôt peuvent abaisser le montant de l'impôt à payer jusqu'à « 0 $ ». Dans certaines circonstances, les crédits excédentaires à l'impôt à payer sont remboursables.

---

36 Les déductions fiscales permises sont sujettes à des conditions qu'il faut remplir pour s'en prévaloir; conditions qui peuvent différer d'un palier gouvernemental à un autre. Les frais de déménagement, par exemple, doivent entre autres vous rapprocher d'au moins 40 km (une direction) de votre nouveau lieu de travail ou d'études. Quant aux dons de bienfaisance, ils doivent être effectués auprès d'organismes enregistrés. Prenez le temps de vous renseigner sur les conditions d'admissibilité et sur l'application des modalités.

Tableau 20

Exemples de dépenses déductibles	
du revenu imposable	**de l'impôt à payer (crédit d'impôt)**
• Frais de garde d'enfants	• De base et pour personnes à charge
• Cotisations syndicales	• Frais d'adoption
• Frais de déménagement	• Frais de scolarité
• Cotisations à un régime de pension agréé (ou REÉR)	• Montant pour transport en commun
	• Dons et contributions politiques
• Autres dépenses d'emploi	• Montant pour aidants naturels

Exemples de dépenses non déductibles (fins personnelles et non commerciales)
• Loyer ou versement hypothécaire
• Alimentation, Habillement, Déplacements domicile-travail
• Loisirs et voyages

Toute dépense rapportée dans les déclarations fiscales doit être justifiée par un reçu ou une facture. Bien qu'il soit possible d'envoyer ses déclarations de revenus par Internet sans fournir ces documents, sachez que le fisc pourrait un jour vous les demander.

Travailleur autonome – Jeune entrepreneur

L'entrepreneur qui utilise à des fins personnelles certains biens de son entreprise devrait en tenir compte lorsqu'il calcule les dépenses déductibles. La partie personnelle ne l'est pas. Lorsque l'automobile, par exemple, sert à la fois le côté personnel et le côté professionnel, il faut s'assurer, selon les modalités prévues dans la loi, de la répartition adéquate entre les deux usages (revoir p. 7).

Une entreprise qui fournit des avantages à ses employés doit déterminer s'il s'agit d'avantages imposables, en calculer la valeur, puis veiller à le signaler correctement sur les feuillets annuels T4 et Relevé 1 qui leur sont remis.

Peu de temps après la réception de votre déclaration fiscale, le gouvernement provincial et le gouvernement fédéral émettent indépendamment un avis de cotisation. Cet avis résume les grandes lignes de vos déclarations. Il peut reproduire les chiffres fournis tels quels ou modifier certains éléments pour un calcul d'impôt à payer ajusté. À cette étape, il s'agit ni plus ni moins d'un avis qui s'assure de la mathématique des sommes fournies eu égard au respect des règles fiscales. Cela ne signifie pas que le fisc endosse votre déclaration. En d'autres termes, il peut certainement arriver, dans les mois qui suivent, qu'un représentant de l'État vous demande la liste des frais médicaux déclarés, accompagnés des reçus, par exemple. Prenez note que les documents utilisés (format papier ou électronique) pour remplir vos déclarations fiscales doivent être conservés pendant six ans après la dernière année civile d'imposition à laquelle ils se rapportent. Nous sommes en 2021? Il faut minimalement conserver 2015-2020.

Le travail au noir

Vous le savez déjà, le travail « au noir » ou le travail « sous la table » est illégal. Or, la tendance est parfois de banaliser l'obligation de déclarer certains types de revenus. Par exemple, louer son chalet 800 $ pour un mois, c'est un revenu de location imposable. Vous pourriez vous dire que c'est en argent comptant ou que le chalet serait inutilisé autrement. C'est tout de même un revenu qui doit être déclaré, déduction faite des dépenses encourues pour le gagner. Aussi, fournir des services de nutritionniste en ligne contre paiement, en sus d'une autre activité professionnelle, est un revenu imposable. Il est tentant de penser qu'on paie déjà suffisamment de taxes par ailleurs ou que c'est simplement pour rendre service. Ça demeure un revenu à déclarer au fisc. Penser que tout le monde le fait ne justifie pas l'acte.

L'échange de biens ou de services (troc) sans contrepartie monétaire constitue également un revenu imposable. Un thérapeute qui offre à son client de payer le soin reçu en effectuant la réparation de sa voiture, par exemple, doit déclarer le revenu de consultation au tarif habituel. À l'inverse, le mécanicien (ou le garage) doit déclarer la juste valeur marchande du service rendu en tant que revenu. C'est un exemple d'application du principe de la réalité sur l'apparence. En réalité, cet échange de services est une transaction commerciale.

La façon de payer ne change pas le caractère imposable ou non.

Certes, il existe des situations qui peuvent passer plus inaperçues que d'autres. Cela survient généralement lorsque la transaction est imposable pour l'un (ex. propriétaire du chalet), mais non déductible pour l'autre (ex. locataire du chalet). Le gouvernement se rendra-t-il compte de la location d'un chalet pour un mois seulement? Peut-être que non. Le risque existe néanmoins, et sachez qu'il n'y a pas d'ambiguïté aux yeux du fisc quant à l'acceptabilité ou non d'une omission de revenu : tout revenu doit être déclaré, sous peine d'amende. Le sens de l'honnêteté chez certains, « la peur » de se faire prendre ou de se faire dénoncer pour d'autres, restreint généralement ce genre de pratiques illicites. À noter que les intérêts et pénalités possibles du fisc sont élevés. Trafiquer les chiffres déclarés ou bien écouler de l'argent comptant de manière à ne pas éveiller les soupçons n'est pas aussi simple qu'il y paraît. Et finalement, il faut prendre conscience que le travail au noir prive l'État de rentrées de fonds (TPS, TVQ, Impôt) qui, au bout du compte, représentent une perte collective.

**Connaître des gens qui le font
n'en fait pas une situation acceptable.**

Se dire « une fois n'est pas coutume » non plus.

Travailleur autonome – Jeune entrepreneur

La règle de base est la même pour l'entreprise : déclarer tous les revenus. Outre le fait que c'est la norme, il faut dire que cela reflète la juste mesure du volume d'exploitation. Lorsqu'on a besoin d'emprunter ou lorsqu'on désire vendre son entreprise, les montants gagnés, mais « cachés » ne comptent pas.

Pour l'entreprise, la tentation de ne pas tout déclarer peut être plus forte lorsque les ventes taxables pour quatre trimestres consécutifs se rapprochent de 30 000 $. Certains particuliers veulent alors éviter de s'inscrire aux fichiers de la TPS et de la TVQ pour diverses raisons : paperasse additionnelle, charges supplémentaires aux clients, etc. Ce n'est pas une bonne idée, compte tenu des conséquences d'une fausse déclaration. De plus, cela freine l'expansion des affaires et brouille l'information disponible à la saine gestion de l'entreprise.

Fausser les comptes n'est pas un geste banal.

L'évolution du taux d'imposition

Certains revenus peuvent être reçus à leur montant brut sans qu'aucune déduction à la source ne soit effectuée. Il en est ainsi d'un contrat forfaitaire accepté en sus de l'emploi habituel, des revenus de location ou des revenus de placement. Ces revenus sont imposables; les dépenses engagées pour les gagner étant déductibles à leur encontre. C'est sur le montant net imposable qu'il faudra calculer les impôts à payer. Dans cette situation, puisqu'aucun impôt n'est prélevé à la source, il est important de mettre de côté, dans un placement, les sommes qui seront payables le 30 avril venu. Il se peut d'ailleurs que l'État exige le versement d'acomptes provisionnels d'impôt en cours d'année – avance sur les impôts à venir – sur la base d'une estimation de ce type de revenus.

Afin d'approximer tout impôt supplémentaire à payer, il faut comprendre la notion du taux marginal d'imposition. **Plus le revenu imposable est élevé, plus le taux d'impôt appliqué aux revenus supplémentaires augmente**, comme illustré dans le tableau ci-dessous. Dans notre société, l'impôt est progressif, dans le sens où il augmente d'une tranche à l'autre (ou d'un palier à l'autre). Un particulier qui gagne 160 000 $ de revenu, par exemple, ne paie pas 50 % (voire 49,97 %) d'impôt sur tout ce qu'il gagne; seulement sur les derniers dollars qui excèdent 150 473 $.

taux d'imposition spécifique par tranche de revenu

Tableau 21
Taux marginal d'imposition 2020[37]

Revenu imposable	Taux marginal combiné* (provincial et fédéral)
entre 13 229 $ et 15 531 $	12,53 %
entre 15 532 $ et 44 544 $	27,53 %
entre 44 545 $ et 48 534 $	32,53 %
entre 48 535 $ et 89 079 $	37,12 %
entre 89 080 $ et 97 068 $	41,12 %
entre 97 069 $ et 108 389 $	45,71 %
entre 108 390 $ et 150 472 $	47,46 %
entre 150 473 $ et 214 367 $	49,97 %
214 368 $ et plus	53,31 %

L'impôt calculé tranche par tranche s'additionne pour déterminer le montant à remettre à l'État.

* Le taux d'imposition de la colonne de droite s'applique seulement sur le montant compris dans l'intervalle du revenu imposable de la colonne de gauche.

Prenons l'exemple de Martin qui a gagné un revenu imposable de 40 000 $. Comme illustré ci-contre, il aura un impôt à payer d'environ 7 025 $. Cet exemple montre clairement, contrairement à la croyance populaire, que tous les dollars gagnés ne sont pas imposés au même taux. L'impôt serait plutôt un coût fixe par paliers.

Revenu imposable de 40 000 $	
13 228 $ X 0 % =	0 $
2 303 $ X 12,53 % =	289 $
24 469 $ X 27,53 % =	6 736 $
40 000 $	7 025 $

Impôts à payer

_____
37 Source : http://TableImpot.FISCALITEuqtr.ca.

Supposons maintenant que Martin envisage d'accepter un contrat de 3 000 $. Quel sera l'impôt à payer sur ce revenu supplémentaire? D'après le Tableau 21, puisque le revenu de Martin se situe entre 15 532 $ et 44 544 $, cette somme sera imposée au taux marginal d'imposition de 27,53 %. L'impôt à payer sur le contrat supplémentaire de 3 000 $ sera donc approximativement de 826 $ (27,53 % X 3 000 $). Quant à Karine, qui gagne actuellement un revenu imposable de 90 000 $, un contrat supplémentaire semblable de 3 000 $ lui coûterait approximativement 1 234 $ en impôt (41,12 % X 3 000 $).

En temps normal, l'impôt retenu à la source par un employeur devrait correspondre aux impôts à payer calculés dans les déclarations fiscales. Mais attention! Les revenus d'un individu sont groupés ensemble pour fins d'imposition. Il est ainsi fort probable que la somme des impôts retenus à la source par deux employeurs différents, calculés chacun sur un montant plus petit, soit inférieure aux impôts à payer lorsque les montants sont additionnés ensemble. En d'autres termes, l'impôt prélevé à la source sur deux salaires de 25 000 $ sera inférieur à l'impôt à payer sur 50 000 $. Toute personne recevant des revenus de sources différentes devrait donc **prendre en compte le montant supplémentaire d'impôt à payer** dès la réception desdits revenus.

Travailleur autonome – Jeune entrepreneur

Tout revenu/profit (ou perte) d'entreprise, issu de la vente de biens ou de la prestation de services, devrait être compilé séparément de ce qui compose la vie personnelle. Supposons qu'un orthophoniste offrant des services à son compte occupe également un emploi rémunéré dans une clinique près de chez lui. La première étape sera de calculer distinctement le revenu net imposable généré par l'entreprise individuelle (Tableau 19). La deuxième étape sera de considérer ensemble ces deux sources de revenu lorsque viendra le temps de déterminer les impôts à payer (Tableau 21). Au fil des mois et des trimestres, l'entrepreneur doit planifier le paiement éventuel de l'impôt à son budget, et effectuer les acomptes provisionnels requis par le gouvernement, s'il y a lieu.

Ventes ou Chiffre d'affaires = Revenus
Revenus - Dépenses = Bénéfice (ou perte) d'entreprise
Revenus imposables - Dépenses déductibles = Bénéfice imposable

Notons toutefois que l'entreprise incorporée est une société légale distincte qui paie elle-même ses impôts. Dans cette situation, seules les sommes versées par l'entreprise (sous la forme de salaires ou de dividendes) à l'entrepreneur figureront aux déclarations fiscales personnelles de ce dernier.

LA PRISE DE DÉCISION

« Choisir le meilleur, dans ce qui est possible, à chaque fois. »

LA PRISE DE DÉCISION

Prendre une décision, c'est faire un choix. C'est prendre le temps d'examiner les diverses façons d'atteindre un objectif donné afin de retenir la meilleure d'entre elles. Les décisions à teneur financière sont presque quotidiennes. Elles sont parfois simples, comme choisir quels aliments acheter à l'épicerie, ou encore, quel type de transport vous convient le mieux. Elles sont parfois plus complexes, comme l'achat d'un siège d'auto pour enfant ou d'un véhicule récréatif. Les enjeux financiers et non financiers étant variés. Quoi qu'il en soit, le processus décisionnel mérite toute notre attention de manière à favoriser l'émergence de la meilleure décision possible.

Objectif → Options → Analyse de l'information → Décision

recul et réflexion

La détermination des options

La clé d'une prise de décision éclairée, c'est la réflexion, alimentée par la cueillette et l'analyse d'informations pertinentes. Cette étape est souvent sous-estimée ou tout simplement escamotée. L'empressement, le désir de répondre à un besoin rapidement, l'habitude, la fatigue, le manque de temps, voire le stress, sont autant de facteurs qui peuvent nous inciter à agir trop vite ou d'une manière qui n'est pas à notre avantage. L'étape de l'analyse est pourtant essentielle à une prise de décision qui soit la plus avantageuse, en cohérence avec nos projets de vie à plus long terme. **Plus l'objectif est important, plus il est important de passer par cette période de réflexion et d'analyse des options avant de passer à la décision.**

Prenons un exemple simple, soit le besoin d'acheter un nouveau manteau d'hiver. On peut d'abord se demander s'il y a des **contraintes** à considérer. L'aspect financier en fait partie puisqu'il faut assurément tenir compte de sa capacité budgétaire. Le marché offre des manteaux pour tous les goûts à divers prix. Disons, pour fins d'illustration, que le budget permettrait un achat d'une valeur allant jusqu'à 200 $. En partant, cela rétrécit le nombre de possibilités. Il faudra d'entrée de jeu éviter certaines boutiques ou détourner les yeux de certains présentoirs. Ensuite, on peut identifier toute autre contrainte de nature *non* financière, par exemple, quelqu'un d'allergique à la laine éliminera d'emblée tout vêtement contenant ce matériel.

Ensuite, on peut faire une liste des **critères** à considérer. Quelles sont les caractéristiques importantes **pour vous**? Quelles sont vos préférences? On discerne ainsi les critères clés de ceux qui le sont moins. Une personne peut insister sur la présence de grandes poches doublées alors que cela peut paraître anodin pour une autre. La couleur, la longueur et la présence d'un capuchon sont d'autres éléments « pouvant » être considérés. La détermination des critères décisionnels est tout à fait libre et propre à chacun. En faisant cet exercice préalablement à l'activité du magasinage, d'abord on sauve beaucoup de temps à considérer des options qui ne nous conviennent pas, ensuite on s'assure de ne pas passer à côté de ce qui compte vraiment pour nous dans ce bien que l'on achète. Autrement dit, on évite une dépense qu'on pourrait regretter par la suite.

> **Mieux définir le besoin fait place à la réflexion et permet de prendre une décision plus éclairée au moment d'acheter.**

L'analyse de l'information consiste à prendre en compte les critères clés et les contraintes afin de prendre la meilleure décision possible. Pour une décision simple, je suggère la détermination de deux ou trois critères, sans plus. Au fil de l'analyse, on arrive ainsi à éliminer certaines options qui ne répondent pas suffisamment aux besoins. **Lorsque la prise de décision se fait à l'intérieur de balises que nous avons nous-mêmes établies et qui ont du sens pour nous, la qualité de la décision est maximisée.** On favorise ainsi un comportement de consommation efficient qui consiste à obtenir le meilleur résultat possible (extrant) pour ce que l'on fournit (intrant) (revoir p. 11). En résumé, il est toujours préférable de prendre un peu de recul avant d'agir, pour un choix plus sûr. Pour favoriser cet espace de réflexion dans la prise de décision, essayez de prévoir certains besoins avant que ceux-ci ne deviennent urgents. La planification budgétaire (p. 18) peut vous aider à identifier certains besoins à l'avance. En ayant du temps pour évaluer vos options, vous éviterez de prendre une décision sur le coup de la fatigue ou du stress.

L'idée ici n'est surtout pas de vous enlever tout plaisir dans le magasinage, d'anéantir toute spontanéité, ou de mécaniser tous nos gestes de consommation. L'objectif est seulement de se sensibiliser à l'importance de prendre conscience qu'un geste de consommation représente un choix, et que chaque choix mérite un minimum de réflexion, d'un point de vue financier et d'un point de vue non financier, afin d'en retirer le maximum de satisfaction. Il arrive trop souvent que des gens regrettent avoir acheté un objet de consommation trop cher, qui en plus, ne leur procure pas le confort, l'utilité ou le plaisir attendu.

Comme mentionné tout au début de la présente section, l'analyse des options précède la décision. Cet ordonnancement des tâches va de soi. La période dédiée à la recherche d'informations et à la réflexion précède l'action. Pas l'inverse. Prenons Marie, par exemple, qui vient de commander un casque d'écoute, mais qui questionne par la suite ses collègues sur leurs choix afin de valider le sien. Si vous vous retrouvez souvent à douter de vos achats une fois que ceux-ci sont effectués, c'est que vous avez compris l'importance de réfléchir à vos habitudes de consommation, mais avez tendance à faire les choses dans le désordre.

L'analyse coûts-avantages

L'analyse coûts-avantages ou l'analyse coûts-bénéfices devrait être sous-jacente à toute action ou décision. **Est-ce que cela en vaut le coût?** Le défi est d'arriver à répondre à cette question le plus objectivement possible, en mettant de côté ses automatismes, et la tentation de répondre à nos envies rapidement. Par manque d'objectivité, en mettant beaucoup ou trop peu d'emphase sur un aspect, les décisions peuvent être biaisées. Parfois, avec notre rythme de vie effréné, on tente de sauver du temps en prenant des décisions rapidement, ce qui peut mener à des décisions sous-optimales. Des variables qui n'ont rien à voir avec la situation s'infiltrent parfois dans le processus de réflexion. Le temps est grisâtre? Vous venez d'apprendre une bonne, ou encore, une mauvaise nouvelle? Cela peut influencer votre façon d'analyser l'information et influencer vos actions. En dépit des facteurs externes, il est néanmoins souhaitable de maintenir une habitude de réflexion et d'analyse dans vos choix financiers, de sorte à favoriser l'équilibre et la stabilité. Il y a des moments plus propices que d'autres à la décision, essayons de les identifier.

D'emblée, mentionnons que la notion coûts-avantages s'exprime à la base en valeur monétaire. On utilise d'ailleurs bien souvent cette notion sans l'identifier comme telle. Par exemple, on ne sera pas tenté de dépenser 10 $ en essence (coût) pour aller chercher un produit offrant un rabais de 5 $ (avantage).

Éléments financiers : COÛTS *versus* BÉNÉFICES

L'analyse coûts-avantages est fort utile face à l'environnement de consommation dans lequel nous vivons. Prenons l'exemple de Philippe qui désire acheter un nouveau réfrigérateur. Le choix est vaste et il peut toujours trouver un modèle offrant davantage de commodités ou un modèle plus gros. Est-ce que cela vaut le coût de payer 250 $ de plus pour un distributeur d'eau extérieur? Plus de pieds cubes (pi³) signifie aussi plus dispendieux. Est-ce une bonne affaire de payer 300 $ de plus pour un modèle de 21 pi³ au lieu de 17 pi³? Se dire « tant qu'à y être… » n'est pas nécessairement le meilleur conseil à suivre. On peut régulièrement obtenir un peu plus en payant un supplément qui semble peu élevé eu égard au prix de base, mais qui peut nous amener au final à dépenser au-delà de ses moyens. Il faut donc bien mesurer la nécessité des ajouts ou suppléments offerts et résister à la tentation d'une offre en apparence sans impact. Dans le cas du frigo, si le 4 pi³ supplémentaire est inutile, il sera aussi inutilement plus coûteux d'alimenter l'appareil en énergie, en plus du coût de base qui aura été de 300 $ plus cher. **Pour la personne qui consomme, l'important est de savoir où s'arrêter, c'est-à-dire au moment où le bénéfice supplémentaire ne vaut pas le coût supplémentaire.**

Est-ce qu'il faut, par exemple, forcer l'achat de 100 $ de marchandises pour que la livraison soit gratuite ? Si vous achetez pour 100 $ de produits essentiels que vous achèteriez par ailleurs d'une façon ou d'une autre, alors c'est approprié. Si vous achetez pour 45 $ de choses dont vous n'avez finalement pas tellement besoin, alors il vaudrait mieux payer 10 $ de frais postaux et garder la balance de 35 $ (45 $ achat évité - 10 $) pour quelque chose qui correspond davantage à vos intérêts. On peut aussi se questionner sur la pertinence d'un achat qui coûte 10 $ d'envoi postal. Autre question fréquente : Est-il préférable de faire réparer ou de remplacer la tondeuse? Le vélo? Bref, prendre conscience des coûts par rapport aux bénéfices apportés d'un choix permet de distinguer plus facilement les dépenses qui sont judicieuses de celles qui ne le sont pas.

Rappelons une chose fondamentale, soit que la gratuité est rare. Les entreprises qui survivent doivent indéniablement faire du profit. Trois mois gratuits si… Le 13e est gratuit si le consommateur en achète 12… Un rabais de 25 $ pour deux bidons au lieu d'un… Les incitations à consommer au-dessus de vos besoins ou de votre budget sont nombreuses. Gardez bien le contrôle de vos finances en écartant les offres qui ne vous servent pas.

Prenons l'exemple de Cynthia qui détient un véhicule récréatif payé 8 000 $ et qui désire le vendre. Sa juste valeur au marché est estimée à 5 500 $. Un acheteur se présente et lui offre 6 000 $ à la condition qu'elle fasse quelques réparations qui lui coûteraient environ 200 $. La première réaction de Cynthia est de dire « Ah non, j'ai déjà assez dépensé d'argent sur ce véhicule-là, je n'y mets pas un sou de plus! ». Pourtant, le coût de la réparation de 200 $ est inférieur à l'augmentation du prix de vente (avantage) de 500 $. Du strict point de vue de l'analyse financière coûts-avantages, c'est le choix à faire. En somme, les options sont claires : vendre à 5 500 $ ou s'occuper de la réparation et obtenir 5 800 $ (au net).

Précision importante : la mise en relation des coûts et des avantages n'est pas strictement financière. Des aspects non financiers peuvent certainement entrer en ligne de compte. Le désir de favoriser l'achat local ou de réduire son impact environnemental sont des exemples de considérations qui peuvent tout à fait s'ajouter à la comparaison. Pour certaines personnes, la satisfaction d'encourager les gens de son quartier, parfois en payant un peu plus cher, est un « bénéfice » à considérer. Pour d'autres, il est justifié de dépenser 50 $ par mois de plus en épicerie pour ne manger que des aliments certifiés biologiques. Il importe tout simplement de prendre une telle décision en toute conscience.

Le temps est également une ressource à prendre en compte, notamment si l'on parle d'un temps qui a le potentiel d'être rémunéré. Par exemple, si vous prenez un congé sans solde pour rénover votre cuisine, n'oubliez pas de compter cette dépense dans les coûts de la rénovation. Encore ici, ce n'est pas un mauvais ou un bon choix en soi, cela dépend des autres facteurs et des priorités d'une personne. Il est surtout important de prendre en compte tous les éléments d'une situation. La parfaite certitude étant rare, l'idée est de maximiser les points positifs et de minimiser les points négatifs. Et puis, certains avantages et désavantages sont plus importants que d'autres, dépendamment du point de vue où l'on se place.

> **Éléments non financiers :**
> **DÉSAVANTAGES** *versus* **AVANTAGES**

Dans la prise de décision, quelle qu'elle soit, il est facile d'oublier l'existence de coûts de renonciation ou de coûts d'opportunité, en ne portant attention qu'aux gains immédiats. Certaines personnes fixent essentiellement leur attention sur ce qu'elles obtiennent de telle ou telle option sans tenir compte de ce qu'elles perdent. Il est pourtant nécessaire de se demander s'il y a des éléments auxquels on renonce. De quoi se privera-t-on si l'on retient une option plutôt qu'une autre? Renonce-t-on à des revenus nets d'impôt (ex. salaires, intérêts) ou à des activités personnelles? Ce genre de questionnement nous mène vers la notion de marginalité discutée ci-après.

La marginalité

On peut concevoir la marginalité comme étant ce qui diffère par rapport à une situation ou une norme donnée, ce sur quoi nous avons une marge de décision. Ce n'est pas nécessairement négatif ni positif d'ailleurs.

Qu'est-ce qu'il y a de différent? Qu'est-ce qu'il y a de plus ou de moins? Dans le contexte d'une prise de décision, cette notion signifie que **seuls les revenus supplémentaires et les coûts supplémentaires sont pertinents.** En d'autres termes, ce qui est passé est passé, et ne compte plus dans la décision. Ce n'est pas pertinent parce que c'est déjà gagné ou déjà dépensé. Seuls les coûts différentiels – ainsi que les revenus différentiels – sont donc à considérer. Cette notion est importante pour prendre les meilleures décisions dans la vie courante.

Prenons un exemple simple. Marc trouve un vélo parfait pour son fils sur le Web au coût de 125 $. Pile dans son budget allouant de 125 $ à 135 $ à cet achat! Il envoie au vendeur un acompte de 25 $ pour le réserver – somme habituellement non remboursable –, ce qui laisse une balance de 100 $ à payer lors de l'échange. Entre-temps, son voisin passe le visiter et lui offre un vélo en très bon état pour 110 $, lequel est de meilleure qualité que celui trouvé sur le Web. Avec cette nouvelle information, Marc fait maintenant face à deux options; nonobstant celle de n'acheter aucun des deux. Est-ce qu'il devrait plutôt accepter cette nouvelle offre? A priori, il va peut-être refuser, tout simplement parce qu'un acompte de 25 $ a été versé sur le vélo réservé en ligne et qu'il ne veut pas perdre cet argent. C'est un réflexe compréhensible. Or, c'est ici que la notion de marginalité entre en ligne de compte. Quel que soit le choix que Marc fera, ce coût de 25 $ est un coût irrécupérable. Dans cette situation, on s'intéresse au montant à payer en dehors du coût passé irrécupérable de 25 $, c'est-à-dire à la marginalité. Ce 25 $ est donc un coût non pertinent puisqu'il a déjà été payé et qu'il ne peut être récupéré, quelle que soit la décision prise maintenant ou plus tard. **Le passé ne changera pas, peu importe ce qui est fait à partir de maintenant.**

> **Coût passé ? Non pertinent**
>
> **Expérience passée ? Apprentissage**

En conclusion, puisque l'acompte de 25 $ est un coût passé déjà payé de toute façon, il ne devrait pas avoir d'influence sur la décision finale. Marc a maintenant le choix d'acheter le premier vélo à 100 $ ou d'acheter le deuxième à 110 $. Considérant l'information disponible, le vélo offert par le voisin est de meilleure qualité, et comme il lui est offert à 110 $, Marc aura déboursé en tout un montant de 135 $ (25 $ acompte vélo + 110 $ vélo voisin). Au lieu de considérer avoir perdu 25 $, il faut voir que Marc s'est procuré le meilleur vélo disponible, à l'intérieur de son budget de 125 $ à 135 $. Dans certaines circonstances, perdre un acompte vaut mieux que d'acheter un bien ou un service inadéquat ou moins adapté.

Prenons cet exemple où Maxim, qui gagne un salaire annuel de 70 000 $, se voit offrir un nouvel emploi à 80 000 $. Les options sont claires : il garde l'emploi actuel (statu quo) ou il accepte l'offre. Un premier niveau d'analyse peut être effectué sur une base strictement quantitative, en considérant les montants après impôts pour plus de précision, comme suit :

Tableau 22-1
Analyse marginale – Aspects financiers
(coûts/avantages d'accepter le nouvel emploi à 80 000 $)

Coûts	Avantages
√ Coût du déplacement supplémentaire d'environ 25 $ par semaine	√ Augmentation du salaire net de 6 280 $ par année ou de 120 $ par semaine (approximation) √ 2,5 heures de plus par semaine
√ Remboursement des congés de maladie inutilisés (environ 520 $ net par an)	√ S/O

L'analyse marginale (ou analyse différentielle) fait ressortir le fait que Maxim recevra 120 $ *de plus* en salaire net par semaine s'il accepte l'offre d'emploi. Il devra par contre débourser davantage pour ses déplacements et perdre l'avantage d'être remboursé pour les congés de maladie inutilisés. D'un strict point de vue financier, Maxim devrait accepter l'offre. Il recevra un bénéfice net marginal de 85 $ par semaine, soit

Calcul marginal (par semaine)	
Salaire net	120 $
Déplacements	-25 $
Congés de maladie	-10 $
Avantage supplémentaire	85 $

4 420 $ par année. En considérant le fait qu'il devra travailler 2,5 heures *de plus* par semaine, il pourrait calculer qu'il obtient 34 $ l'heure (85 $ / 2,5 heures) pour ces heures de travail *de plus*.

Dans son analyse, il est important que Maxim envisage les différents éléments quantitatifs pouvant influencer la décision. Certains éléments, qui n'ont pas nécessairement d'impact à court terme, ou qui ne se voient pas sur le relevé de paie, peuvent être oubliés. On pense ainsi à la nécessité de ces sorties au resto à l'heure du lunch avec l'équipe de travail ou à l'ampleur de la cotisation de l'employeur au régime de pension. En outre, comme discuté dans la section précédente, il faut se demander s'il y a des coûts d'opportunité. En supposant, par exemple, que le nouvel employeur exige l'exclusivité des services de ses employés, cela signifie que Maxim ne pourra pas accepter de contrats de consultation autre part. S'il avait l'habitude de gagner, disons environ 7 000 $ par année en sus de son emploi régulier, cette perte de revenu est un « manque à gagner » qui peut changer la donne. En se servant du Tableau 21 (p. 83),

Maxim pourra calculer que la valeur de ce contrat est d'environ 4 400 $ au net par an (7 000 $ - (37,12% X 7 000 $)) ou 85 $ par semaine. En fin de compte, du moins dans l'aspect quantitatif de la décision, les deux options semblent assez similaires.

Par la suite, un deuxième niveau d'analyse peut être effectué en faisant la liste des éléments qualitatifs (non quantitatifs) à considérer. Quelles sont les différences d'une option à l'autre? Il est ici **pertinent de s'interroger sur ce qui est important pour vous.** Au sein de toute analyse, l'ordre d'importance et le « poids » d'un critère varient d'une personne à une autre. Ils ne sont donc pas tous égaux lorsqu'arrive le temps de la décision.

Tableau 22-2
Analyse marginale – Aspects non financiers

Critères	Emploi actuel	Emploi offert
Conciliation travail famille	√ Horaire me permet d'aller chercher les enfants au service de garde √ Télétravail possible	√ Dépendrai de mamie pour chercher les enfants
Aisance dans les tâches	√ Routinier, je sais quoi faire = sécurisant	√ Relié à mes champs d'intérêt → DÉFI!
Ambiance de travail	√ Stimulante	√ Inconnu
Avantages sociaux	√ Bon!	√ Idem après 3 mois
Développement professionnel	√ Peu de possibilités de promotion	√ ++ possibilités
Etc.	√ ...	√ ...

L'observation du Tableau 22-2 fait clairement ressortir le fait que des éléments « qui ne s'expriment pas en $ » sont pertinents à l'analyse. L'impact sur le bien-être personnel, sur la vie familiale et la valorisation au travail est à considérer. D'un strict point de vue financier, les avantages sont d'environ 85 $ net par semaine. Ce n'est toutefois pas si évident lorsqu'on ajoute l'aspect non financier. Il n'y a pas de bonne réponse. Les deux options se justifient tout simplement parce que les critères importants pour une personne ne sont pas nécessairement les mêmes chez une autre. La démarche d'analyse proposée ici ne vous dicte pas quoi choisir. Elle est plutôt un outil d'aide à une prise de décision pleinement éclairée – qui peut se faire mentalement – et à votre avantage.

> **Une décision à prendre ? Comparer les options**

Certaines personnes pourraient plutôt préférer effectuer l'analyse en faisant ressortir les « pour » (avantages) et les « contre » (désavantages) de chacune des possibilités envisagées. C'est faisable quoique cela amène quelques répétitions puisque les « pour » d'une option peuvent être les « contre » de l'autre. Ça reste toutefois une bonne méthode. Et finalement, dans l'exercice d'analyse, l'atténuation des risques et inconvénients devrait entrer en ligne de compte. Face à un inconvénient ou une contrainte identifiés de prime abord, peut-on penser à une manière de le contourner ou de le mitiger? Ainsi, l'identification d'une mesure d'atténuation à certains endroits peut alimenter la réflexion, voire même faire la différence dans la décision.

Tableau 22-3
Analyse marginale – Atténuation des risques

Emploi actuel	Emploi offert
√ Ambiance de travail stimulante	√ Inconnu : voir sur LinkedIn si quelqu'un que je connais a déjà travaillé pour cette compagnie et demander avis

> **Plus la décision est importante,**
> **plus le processus décisionnel est important.**

Le passage du temps

L'une des notions fondamentales en finance consiste à dire que 100 $ aujourd'hui vaut mieux que 100 $ plus tard. La première raison est qu'il y a toujours un peu d'inflation. En supposant un taux d'inflation de 2 %, un panier d'achats de 100,00 $ aujourd'hui coûtera 102,00 $ dans un an, 104,04 $ dans deux ans, et ainsi de suite. À cause de l'inflation, le pouvoir d'achat du même dollar s'amenuise au fil du temps. La deuxième raison est qu'il vous est possible de faire fructifier l'argent entre-temps. Placer 100 $ aujourd'hui pendant un an au taux de 1,0 % portera le cumul de votre épargne à 101,00 $ dans un an. Certes, vous me direz que cela ne couvre pas la montée des prix causée par l'inflation, mais l'impact net sera moindre.[38]

> **Valeur de 1 $ hier < Valeur de 1 $ aujourd'hui < Valeur de 1 $ demain**

En suivant cette logique, lorsqu'il n'y a aucun intérêt à payer sur le solde

---

38 Il faut tenir compte de l'impact de l'inflation dans toute planification financière, à moyen et à long terme. La somme nécessaire aujourd'hui, qui vous permet de bien vivre, sera vraisemblablement plus élevée plus tard (revoir Figure 6, p. 56).

dû, payer 100 $ plus tard vaut mieux que 100 $ aujourd'hui. Ainsi, vous ne serez pas surpris d'entendre votre comptable dire : « Vous devez 500 $ au fisc, mais attendez la date limite du 30 avril pour payer. ». On vous suggérera aussi d'attendre le jour d'avant la date d'échéance pour payer vos comptes. C'est qu'entre-temps, votre argent peut rapporter quelques bénéfices, soit par la réduction de la somme empruntée sur la marge de crédit, soit par l'investissement dans un placement temporaire. Cela suppose néanmoins d'être rigoureux quant au respect des dates d'échéance, question de ne pas passer tout droit et de se retrouver avec des intérêts et pénalités à payer!

Beaucoup de décisions de financement et d'investissement se prennent sur la base du taux d'intérêt.

Faites des comparaisons!

Il faut comprendre que le financement « gratuit » n'existe pas. On peut certes vous offrir de payer votre achat de meubles en versements égaux « sans intérêt ». En apparence, ça l'est, mais sachez que l'entreprise vendeuse va considérer que les versements mensuels comprennent un intérêt implicite. Dans ses registres comptables, elle va séparer chacun des versements que vous lui ferez en deux parties : 1- Revenu de la vente de meubles et 2- Revenu d'intérêts. C'est une autre illustration du principe de la réalité sur l'apparence (p. 81). Supposons que Catherine effectue un achat de meubles pour 3 600 $, qu'elle doit payer à raison de 100 $ par mois, pendant trente-six mois. Elle est d'abord tentée d'acquiescer à cette offre puisque son budget lui permet cette sortie de fonds mensuelle. Toutefois, comme discuté précédemment, 3 600 $ aujourd'hui n'est pas l'équivalent de 100 $ par mois pendant trente-six mois. On en déduit donc que la valeur de l'achat de Catherine en date d'aujourd'hui n'est pas de 3 600 $, mais d'un montant inférieur. Quel est ce montant? Pour le déterminer, il faut obtenir le taux d'intérêt d'un financement similaire à moyen terme, disons 12 % pour fins d'illustration. À ce taux, la valeur aujourd'hui de 100 $ payé pendant trente-six mois (3 600 $) est d'environ 3 011 $[39]. Cela représente l'équivalent de la valeur des meubles au moment de l'achat.

Achat au comptant *ou* Achat à crédit 36 mois
↓
3 011 $ comptant ≅ 3 600 $ (36 versements X 100 $) (taux 12 %)

---

39 L'explication de la formule mathématique utilisée dépasse le cadre de cet ouvrage. Avec le logiciel Excel, la formule est la suivante : « *=VA(1%;36;100;0)* ».

Lorsque le vendeur du bien que vous désirez acheter vous laisse le choix entre le paiement comptant ou une série de versements étalés dans le temps « sans intérêt », il devrait y avoir une différence entre les deux montants. Lorsqu'il est indispensable que vous fassiez appel au financement pour votre achat, prenez le temps de vous informer auprès de votre institution financière au sujet d'un prêt personnel ou d'une marge de crédit, personnelle ou hypothécaire. Cela pourrait s'avérer plus avantageux que l'offre, en apparence très bonne, de l'entreprise vendeuse.

Travailleur autonome – Jeune entrepreneur

Les conditions de paiement accordées aux entreprises par les fournisseurs sont souvent n/30, c'est-à-dire que le montant net est dû dans les 30 jours. Comme discuté ci-dessus, payer ses comptes fournisseurs le jour d'avant ou le jour même de l'échéance est une bonne idée. C'est d'autant plus important pour l'entreprise, car cela diminue le délai entre le paiement des comptes fournisseurs et la réception de l'argent des comptes clients. Comme mentionné dans la section Le financement (p. 35), ce décalage entre les sorties et les entrées de fonds nécessite bien souvent le recours à une marge de crédit d'exploitation.

Moins d'emprunt → Moins d'intérêts

Il arrive que des fournisseurs offrent un escompte au comptant ou un escompte sur paiement. Le but de ce genre d'offre est d'inciter le règlement rapide du compte dû. Un fournisseur peut ainsi accorder un escompte de 1 % sur les achats effectués lors du paiement d'une facture dans les 10 jours. Cette condition s'exprime alors de la manière suivante : 1/10, n/30. Ainsi, pour un achat de 1 000 $, le déboursé sera de 990 $ s'il est effectué dans les 10 jours ou de 1 000 $ s'il est effectué dans les 11 à 30 jours suivants la facturation. A priori, 10 $ de rabais ne paraît pas beaucoup. Mais attention, 1 % pour payer 20 jours plus tôt équivaut à un taux annuel de 18,25 % (365 jours / 20 jours X 1 %). Utiliser la marge de crédit d'exploitation (coût) pour profiter de ce genre d'escompte (bénéfice) en vaut certainement la peine!

L'analyse comparable

On dit parfois qu'il ne faut pas comparer des pommes avec des oranges, mais des pommes avec des pommes. Le domaine financier ne fait pas exception, car il est indispensable de comparer les options qui s'offrent sur une même base de référence. L'analyse comparative permet de relever avec justesse, et plus facilement, les similitudes et les différences des options offertes (ou disponibles). L'institution financière de l'Est, par exemple, peut vous indiquer que le taux d'intérêt de la marge de crédit hypothécaire est de 1 % mensuel pendant que l'institution financière de l'Ouest indique 13 % annuel. L'échelle de comparaison n'est pas la même et doit être ajustée pour fins décisionnelles. De deux choses l'une. On ramène le taux de l'institution de l'Est au taux annuel de 12 % afin de le comparer au taux de 13 % de celle de l'Ouest. Ou l'on ramène le taux de l'institution de l'Ouest au taux mensuel de 1,08 % (13 % / 12 mois) afin de le comparer au taux de 1,00 % de celle de l'Est. L'exemple est simple et peut vous paraître évident a priori. Néanmoins, par expérience, je sais que faire une comparaison incomplète ou erronée de ses options est une lacune récurrente dans la prise de décision. Je vois trop souvent des montants *avant* impôt comparés par erreur à des montants *après* impôt.

En outre, **la comparaison financière doit tenir compte de tous les coûts pour toute la période concernée par la décision**, autant que possible. Pas seulement ceux nécessaires à l'achat, mais aussi ceux qui seront à effectuer par la suite (ex. entretien, réparations, assurances) tout au long de la durée de vie du bien ou du service. Supposons qu'Étienne désire s'acheter une nouvelle imprimante laser, par exemple. Avant d'acheter celle offrant un rabais de 40 $, il ferait bien de regarder également le coût des cartouches de remplacement. En constatant qu'elles coûtent 20 $ chacune de plus que l'imprimante concurrente, il révisera peut-être son choix. Il serait aussi judicieux de s'informer de la garantie offerte, de la qualité du service après-vente et de zieuter les revues du produit sur le Web. Faites vos recherches et bénéficiez de l'expérience des autres!

Prenons un autre exemple. Pour les dix-huit prochains mois, Benoit a le choix entre deux logements qui lui conviennent tous les deux, autant en termes financiers que non financiers. Le loyer du premier est de 550 $ par mois. Le loyer du deuxième est de 575 $ par mois, quoique le propriétaire remette une carte-cadeau prépayée de 300 $ à tout nouveau locataire. Cette carte peut être utilisée à peu près n'importe où, n'importe quand. La stricte comparaison du montant du loyer mensuel, soit 550 $ par rapport à 575 $, n'aboutirait pas nécessairement à la meilleure décision. Dans le but de comparer adéquatement les deux logements, Benoit doit déterminer la période prévue de son habitation. Comme illustré ci-dessous, la durée de cette période comparative change le choix final qui consiste à choisir le logement le moins dispendieux. **La décision devient plus facile en présence d'une période de référence appropriée.**

En fait, le calcul est simple. Le logement n°2, pour lequel la carte-cadeau est remise, coûte 25 $ de plus par mois. Pendant combien de mois la carte-cadeau couvre-t-elle cet excédent de loyer? Pendant douze mois (300 $ / 25 $); d'où l'égalité entre les 2 options pour cette période.

Tableau 23
Objectif : habiter le logement pendant 6 mois

	logement n°1	logement n°2	Pour 6 mois, toute autre chose étant égale par ailleurs, le logement n°2 est le moins dispendieux. C'est l'option à retenir.
1er au 6e mois	3 300 $ (550 $ X 6 mois)	3 450 $ (575 $ X 6 mois)	
Moins carte-cadeau	–	-300 $	
Loyer total pour 6 mois	3 300 $	3 150 $	

Objectif : habiter le logement pendant 12 mois

	logement n°1	logement n°2	Égalité entre les deux options. (25 $ de plus par mois contre une carte-cadeau de 300 $?)
1er au 12e mois	6 600 $ (550 $ X 12 mois)	6 900 $ (575 $ X 12 mois)	
Moins carte-cadeau	–	-300 $	
Loyer total pour 1 an	6 600 $	6 600 $	

Objectif : habiter le logement pendant 18 mois*

	logement n°1	logement n°2	Pour 18 mois, toute autre chose étant égale par ailleurs, le logement n°1 est le moins dispendieux. C'est l'option à retenir.
1er au 18e mois	9 900 $ (550 $ X 18 mois)	10 350 $ (575 $ X 18 mois)	
Moins carte-cadeau	–	-300 $	
Loyer total pour 18 mois	9 900 $	10 050 $	

* Naturellement, si Benoit pense occuper le logement pour plus de 18 mois, compte tenu de l'augmentation prévue du loyer, la décision pourrait être différente.

Abordons maintenant une décision plus complexe, soit celle de louer ou d'acheter un véhicule automobile.[40] **La première étape est le choix du véhicule.** Comme discuté au début de la présente section, l'acheteur devrait évaluer les options en fonction de ses critères clés et contraintes, ce qui inclut sa capacité financière. Le secteur de l'automobile regorge de choix et l'acheteur doit pouvoir faire ressortir du lot celui qui est le meilleur **pour lui.** Quelle est l'automobile **qui répond le mieux aux besoins**?

40 La décision de louer ou d'acheter une automobile n'est pas simple et pourrait, à elle seule, faire l'objet d'un volume entier. Ici, mon objectif est d'abord de sensibiliser sur la nécessité d'identifier ses besoins. J'explique ensuite certaines modalités auxquelles il faut porter attention eu égard au financement.

La deuxième étape est le choix du financement. Cette étape devrait se faire le plus distinctement possible de l'étape précédente. Pourtant, dans la vie courante, le choix du véhicule et son financement sont souvent entremêlés, ce qui ne permet pas nécessairement de discerner la meilleure décision d'achat. Certaines personnes pourraient ainsi vouloir déterminer le véhicule à acheter en fonction de leur capacité de paiement. Évidemment, il est essentiel de confirmer sa capacité d'effectuer le versement régulier de la location ou d'un prêt-auto. L'habitude moins souhaitable est plutôt celle de laisser notre capacité de remboursement influencer le choix du produit, de telle sorte qu'on achètera un produit plus dispendieux, non pas parce qu'il répond le mieux à nos besoins, mais parce qu'on se dit : « Je peux me le permettre. ». Cette habitude risque de mener à des choix de consommation moins efficients et de nuire à la réalisation d'autres projets à moyen ou à long terme.

Le financement

Supposons, pour fins d'illustration, que le choix d'Anna se porte sur un véhicule coûtant 43 450 $. Avec un budget lui permettant un versement mensuel d'environ 840 $, par exemple, Anna pourrait financer par emprunt, au taux de 5,99 %, ce véhicule sur cinq ans. Elle pourrait aussi financer un véhicule coûtant 50 700 $ sur six ans ou un véhicule coûtant 57 550 $ sur sept ans. Le fait que ces deux autres possibilités respectent le budget d'Anna ne devrait pas changer le

43 450 $	50 700 $	57 550 $
5,99 %	5,99 %	5,99 %
5 ans	6 ans	7 ans
↓	↓	↓
versement mensuel	versement mensuel	versement mensuel
839,81 $	840,01 $	840,45 $

choix du véhicule qui correspond le mieux à ses besoins, soit celui coûtant 43 450 $.

Lorsqu'il s'agit de choisir un mode de financement, on ne peut trop insister sur la nécessité de faire une analyse financière qui compare adéquatement les options. Outre le taux de financement (ou d'intérêt) que l'on désire le plus bas possible, examinons ci-dessous trois aspects à considérer : Le montant à financer, Le terme du financement, La périodicité des versements.

Le montant à financer

Fondamentalement, le financement d'un véhicule est une dette à moyen terme (p. 44) où chacun des versements comprend de l'intérêt et du remboursement de capital emprunté. Que le véhicule soit loué ou acheté, des intérêts doivent donc être payés. **La location est en quelque sorte le financement d'une partie du prix d'achat de l'automobile.** Ce montant ne correspond pas à la totalité du coût d'achat, tout simplement parce que le véhicule, qui appartient toujours à l'entreprise qui loue, aura une certaine valeur à l'échéance. Cette valeur, appelée valeur résiduelle, n'a pas à être financée par le locataire, du moins en partie, parce que c'est le vendeur qui la récupère, en même temps que le bien lui-même, à la fin du bail. En conséquence, les versements de location sont calculés sur un capital à financer d'un montant à tous les coups inférieur au coût d'achat.

En ce qui concerne le véhicule convoité par Anna, en supposant une valeur résiduelle au contrat de 13 450 $, cela signifie que les versements de location seront calculés sur la somme de 30 000 $ (43 450 $ - 13 450 $). Le montant à financer via la location – obligatoirement d'un fabricant automobile – sera ainsi toujours moindre que le montant à financer via l'achat, de 43 450 $ dans notre exemple. C'est compréhensible, puisque celui qui loue remet l'automobile au vendeur à la fin du contrat de location, disons après cinq ans d'utilisation, alors que celui qui l'achète conserve l'automobile qui devrait, selon l'estimation ci-dessus, valoir 13 450 $ à ce moment-là[41]. Ainsi, la stricte comparaison du prix d'achat d'une automobile coûtant 43 450 $ à

montant à financer	montant à financer
↓	↓
location	**achat**
↓	↓
30 000 $	43 450 $

la somme des versements de location pour ce même véhicule rendra automatiquement la location plus abordable. À titre d'exemple, une location de cinq ans au taux de 5,99 % exigerait un versement de 133,05 $ par semaine. Le total des versements à faire pour toute la durée du bail serait donc de 34 593 $ (133,05 $ /semaine X 52 semaines X 5 ans). Ce montant cumulatif est, sans aucune surprise, inférieur au coût d'achat de 43 450 $. Dans la comparaison entre acheter ou louer, vous comprendrez qu'il faut tenir compte du fait que la valeur résiduelle ne revient pas à celui qui loue. Elle revient toutefois à celui qui achète.

Le capital à financer doit être indéniablement remboursé.

Comment économiser?
En obtenant un taux d'intérêt plus bas, en choisissant un terme plus court ou en effectuant des versements plus fréquents.

Le terme du financement

La stricte comparaison du versement mensuel de diverses options de financement lorsque le terme du remboursement diffère est incomplète. **Pour un terme de paiement allongé, le montant du versement décroît.** Pour un achat ou une location requérant le financement de 30 000 $,

41 Cette « valeur résiduelle » est toutefois approximative, car rien ne garantit à l'acheteur que son automobile vaudra 13 450 $ dans cinq ans, ou encore, qu'il sera capable de la vendre à un tiers à ce prix.

au même taux de 6,50 %[42], le versement mensuel sera de 586,99 $ pendant cinq ans/ soixante mois *ou de* 401,59 $ pendant huit ans/ quatre-vingt-seize mois. Ces deux options de financement mènent vers le remboursement de la dette de 30 000 $ à la fin du terme, mais ne coûteront pas le même montant en intérêts. Plus précisément, rembourser le prêt sur cinq ans au lieu de huit ans fera économiser à l'emprunteur environ 3 334 $ en intérêts (38 553 $ - 35 219 $). L'écart serait de 4 828 $ pour un montant à financer de 43 450 $.

30 000 $ 6,50 % **5 ans**	30 000 $ 6,50 % **8 ans**
↓	↓
versement mensuel **586,99 $** X 60 versements = 35 219 $ sur 5 ans	versement mensuel **401,59 $** X 96 versements = 38 553 $ sur 8 ans

La périodicité des versements

La stricte comparaison du versement de diverses options de financement lorsque la périodicité des versements diffère est incomplète. **Pour une fréquence de paiement plus rapprochée, le montant du versement décroît.** Pour un achat ou une location requérant le financement de 30 000 $, au même taux de 7,00 %, le versement hebdomadaire sera de 136,27 $ par semaine *ou de* 594,04 $ par mois. Encore une fois, la capacité financière d'absorber à son budget un montant plus petit n'est pas une permission d'acheter un modèle plus dispendieux. En effectuant la comparaison sur une même période, on remarque que le total des versements pour une année est un peu plus faible lorsque des versements hebdomadaires sont effectués. Comme discuté au sujet

30 000 $ 7,00 % 5 ans	30 000 $ 7,00 % 5 ans
↓	↓
versement **hebdomadaire** **136,27 $** X 52 versements = 7 086,04 $/an	versement **mensuel** **594,04 $** X 12 versements = 7 128,48 $/an

de l'emprunt hypothécaire (p. 38), cela s'explique par le calcul de l'intérêt payé plus fréquemment sur un solde dû décroissant. Dans notre exemple, rembourser le prêt par des versements hebdomadaires au lieu de versements mensuels fera économiser à l'emprunteur environ 42 $ en intérêts (7 128 $ - 7 086 $) par année ou 210 $ sur 5 ans. L'économie n'est pas très élevée, mais l'avantage réside aussi dans le fait que cela permet d'effectuer la dépense fixe au même moment que l'encaissement des revenus (ex. paie).

Et finalement, en supposant qu'Anna désire effectuer l'achat de l'automobile au comptant, il lui faudrait tenir compte du fait qu'en retirant 43 450 $ d'un placement rapportant 3 %, par exemple, elle perd

---

42 La comparaison des options de financement par location n'est pas simple étant donné la variabilité des taux offerts d'un véhicule à l'autre, et d'un terme à l'autre. Pour certains modèles, à titre de promotion, ce taux peut être très bas.

des revenus d'intérêts avant impôt de 1 300 $ par année (43 450 $ X 3 %). C'est un coût d'opportunité à considérer, dans la comparaison au taux de financement qui lui est demandé.

L'analyse de sensibilité

Dans certaines situations, il est utile d'évaluer les impacts de chaque option possible pour aider la prise de décision. Lorsque celle-ci est relativement importante, et qu'elle prend en compte plusieurs variables, examiner les effets d'un changement apporté à une seule variable sur le résultat final permet un choix plus éclairé. Bon nombre d'individus effectuent des analyses de ce genre sans vraiment savoir qu'ils appliquent ainsi les principes de l'analyse de sensibilité. Par exemple, dans une réflexion sur la rénovation de la salle de bain, on pourrait se demander ce qui arrive si l'on change l'emplacement du bain ou si on le garde au même endroit. Quels sont les impacts financiers et non financiers? On évalue ainsi l'impact d'un changement précis sur les autres éléments du projet.

Travailleur autonome – Jeune entrepreneur

Dans une entreprise, les décisions de nature non courante sont nombreuses. Lorsqu'un entrepreneur se demande s'il doit louer un espace commercial ou acquérir une propriété pour exercer ses activités, l'analyse doit prendre en compte un grand nombre de variables.

Il peut être utile d'exprimer les diverses possibilités qui s'offrent à l'aide d'un arbre de décision qui démontre l'impact d'une décision sur la décision suivante et ainsi de suite. On y présente alors les diverses avenues ou actions possibles, dans leur ordonnancement les unes par rapport aux autres. Étant donné sa forme schématique et visuelle, cela permet de mieux faire ressortir les diverses options, particulièrement lorsque la situation est complexe.

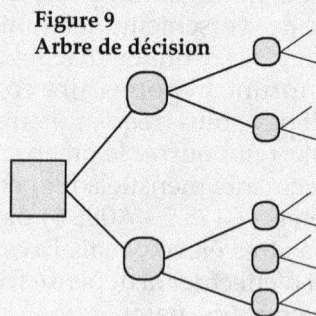

Figure 9
Arbre de décision

En outre, pour les projets à moyen et à long terme, des outils d'analyse plus perfectionnés existent, tel le calcul de la valeur actualisée nette d'un investissement.

LA GESTION DE L'INFORMATION

« La justesse d'une décision dépend de la qualité de l'information utilisée. »

LA GESTION DE L'INFORMATION

Jusqu'ici, nous avons abordé la planification des revenus et des dépenses, les modes de financement, les types de placements et les impôts. Ces questions ont en commun d'être déterminantes pour vos finances, ce qui demande un certain niveau de compréhension. Or, la capacité de gérer adéquatement l'information disponible aide à prendre de meilleures décisions. Plus l'action envisagée est importante, plus l'information qui informe la décision est essentielle. De l'achat d'une première laveuse, à l'achat d'une première maison, en passant par le choix d'une nouvelle voiture, **vous gagnerez toujours à considérer toutes les informations utiles dans vos choix.** Dans le monde actuel, les informations disponibles abondent à un point tel qu'il est régulièrement difficile d'y voir clair. Je décris ci-dessous l'une après l'autre les caractéristiques qualitatives d'une information de qualité.

Figure 10
Caractéristiques d'une information de qualité

information de qualité

- √ pertinente
- √ fidèle
- √ comparable
- √ vérifiable
- √ compréhensible

La pertinence

Une information pertinente est une information qui a de la valeur compte tenu de la situation. Dans le contexte d'une prise de décision, l'information peut confirmer ou infirmer ce que l'on sait déjà, préciser les estimations ou apporter un nouvel élément. Sa pertinence vient du fait qu'elle nourrit la réflexion et favorise la prise de décision optimale. C'est le principe de bonne information ou le principe de l'information complète. Il faut s'informer, par exemple, de la capacité du véhicule automobile actuel de tirer le type de roulotte convoité; avant et non après l'achat. **En fait, ce qui est pertinent pour une situation ou une personne donnée ne l'est pas nécessairement pour une autre.** C'est le contexte d'usage qui crée la pertinence. La pertinence découle d'ailleurs de l'exercice d'identification des critères clés et des contraintes qui sont propres à vous, que vous aurez fait d'entrée de jeu avant de vous lancer dans la collecte d'informations (p. 86-87). Cette étape préalable vous aidera d'ailleurs à aller chercher l'information qui vous sert et écarter toute information qui ne sert pas la réflexion. Par exemple, si les trois roulottes intéressantes s'accompagnent toutes d'une garantie d'un an, c'est une information factuelle. Elle est intéressante, mais elle n'est pas pertinente dans l'analyse, tout simplement parce qu'elle ne fera pas la différence lorsqu'arrivera le moment de décider.

> **Qui identifiera ce qui est approprié *pour vous*
> si vous ne le faites pas?**

Ne banalisez pas les questions qui surgissent dans votre esprit en cours d'analyse. Quand un doute survient face à ce qui vous est dit ou présenté, ou si vous réalisez que vous manquez de connaissances sur un sujet, il faut pousser plus loin vos recherches, même si cela ralentit votre démarche. **Le désir de vouloir en finir avec une décision est parfois le plus grand obstacle au processus.** L'importance relative ou la significativité de ce dont on a besoin détermine la profondeur de la recherche d'informations pertinentes. Une personne qui ne comprend pas la signification d'une clause au contrat qu'elle s'apprête à signer ne devrait pas « faire comme si de rien n'était ». Elle devrait à tout le moins s'assurer que ce n'est pas un élément clé dans la décision. Il est vraiment plus important de comprendre la clause sur le remboursement anticipé d'un prêt hypothécaire que de déterminer de quel compte les versements mensuels seront prélevés, par exemple. Que l'utilité d'une telle clause, soit hypothétique ou éloignée dans le temps, ne justifie pas de la négliger. Assurez-vous de donner l'attention suffisante aux informations les plus déterminantes, à court et à plus long terme.

> **Les informations pertinentes
> n'ont pas toutes la même importance.**

Comprendre la notion d'importance relative aide à faire la part des choses. Commençons tout d'abord par mentionner que l'ampleur des montants en cause aide à déterminer ce qui est important ou non. Pour certaines personnes, une économie de 3 $ sur l'achat d'une boîte de céréales semble d'égale importance à une économie de 300 $ sur un ensemble laveuse-sécheuse. L'économie est toujours souhaitable (p. 12), mais il demeure judicieux de doser ses efforts en fonction du montant en question. Mentionnons aussi que l'importance relative ne se mesure pas seulement par le quantitatif. Ce qui est important pour l'un, comme la couleur de la nouvelle automobile, même au prix d'un extra de 2 500 $, peut ne pas l'être pour l'autre. Comment déterminer si une information est significative? Lorsque son absence, son inexactitude ou son imprécision peut changer le résultat final.

> **Mieux classer vos documents maintenant vous fera gagner du temps demain.**

Dans la vie courante, on se questionne régulièrement à savoir quels documents il faut conserver, et pour combien de temps. Disons qu'il est préférable de garder les documents financiers au même endroit, classés par catégories ou types de dépenses, ce qui facilite toute référence ultérieure. Que doit-on conserver? Ce qui revêt un caractère officiel, qui justifie ou qui prouve, comme les factures qui peuvent être encore utiles (ex. garantie), les contrats (ex. achat d'une propriété, emprunts), les relevés de compte (ex. épargne, cartes de crédit), les documents fiscaux des six dernières années complètes (ex. relevés d'emploi, frais déduits) et les documents clés de votre vie personnelle (ex. diplômes, contrat de vie commune, testament et mandat d'inaptitude). Et, pour combien de temps? Tant que c'est « en cours » d'usage. Le bail de l'ancien logement? Seulement s'il y a litige en suspens. Le testament précédent? Ce n'est pas nécessaire. Les contrats d'assurance? Pendant la période couverte, et s'il y a une réclamation en cours. Les relevés bancaires? Pendant six ans, étant donné le lien fiscal (p. 81).[43]

Travailleur autonome – Jeune entrepreneur

Dans certaines entreprises, les documents comptables ne sont pas classés. Tout est empilé, en désordre, parfois tout simplement déposé dans une boite ou perdu au milieu d'innombrables courriels. Il est naturellement requis de conserver tout ce qui justifie les revenus et les dépenses.

L'entrepreneur doit pouvoir prouver, à l'aide de pièces justificatives, l'existence de toutes les opérations inscrites aux états financiers. Une classification minimale requiert le regroupement de documents de nature similaire, telles les factures d'achat de fournitures, le plus souvent en ordre chronologique, parfois par fournisseur. Sous un mode coûts-avantages, évitez de perdre du temps à retracer une facture mal classée.

---

43 Les documents peuvent être sur support papier, que l'on peut convertir ou numériser en images électroniques, ou sur images électroniques d'origine.

Il est également important de vérifier l'information financière qui vous est remise. Des erreurs sur le relevé de compte de la carte de crédit? Cela arrive. Vous pourriez relever une transaction qui ne vous appartient pas ou un achat facturé en double. Assurez-vous également que le crédit promis à la suite du retour de la marchandise y soit bel et bien reporté. En attendant d'effectuer cette vérification, conserver vos reçus. En fait, prenez le temps de regarder vos factures, pour y remarquer une augmentation dans les tarifs ou un supplément ajouté, par exemple. Plus tôt on remarque une erreur ou un changement, mieux c'est. Trop de personnes – en particulier quand elles n'aiment pas les chiffres – regardent à peine les documents financiers qu'elles reçoivent. À force de ne pas vouloir regarder les relevés de compte, on risque de perdre le fil de sa situation financière.

Et finalement, prenez en note les dates de renouvellement de certains biens et services que vous consommez (ex. apprentissage de l'anglais, abonnement de livraison de produits). Cela vous permettra de voir en avance si vous désirez continuer à recevoir lesdits biens ou services, ou encore, d'envisager de faire affaire ailleurs. Sachez que certaines entreprises effectuent le renouvellement automatique d'un contrat avec très peu ou pas de possibilités d'annulation par la suite. Un minimum d'organisation peut vous éviter des difficultés inutiles.

La fidélité

Une information fidèle est une information conforme à la réalité, le plus près possible de la vérité. Disons premièrement qu'elle doit être exhaustive. Toutes les explications y sont présentées, ce qui en permet une appréciation adéquate. Lorsqu'une personne est dans le processus d'achat d'un bien important, par exemple, elle doit porter attention aux descriptions et à la documentation qu'on lui propose afin d'évaluer si elle est complète. Dans l'euphorie du moment, et dans la hâte de vouloir profiter de son achat, on peut avoir tendance à faire confiance au hasard, ou à se dire « Je n'ai pas besoin de m'en faire avec ça. ». Par exemple, certains laissent tomber l'inspection préachat de la propriété convoitée. S'ensuivent parfois de mauvaises surprises quant à l'ampleur des travaux qu'il faudra ultérieurement entreprendre.

Deuxièmement, l'information doit être neutre, autant que faire se peut. Elle doit être exempte de parti pris, c'est-à-dire qu'elle n'est pas présentée de manière à influencer dans une direction donnée. Il est difficile d'être complètement objectif face à une information, que l'on transmet ou que l'on reçoit. On a tous des biais intérieurs, en fonction de nos valeurs, préférences et désirs. Prendre conscience de nos biais nous aidera à ne pas les laisser influencer outre mesure la façon d'analyser l'information et la décision qui en résultera.

> **Être mal informé limite sa capacité
> à faire valoir ses intérêts.**

Tout individu qui vend un bien ou qui fournit un service retire un avantage financier en le faisant, ça va de soi. Ce n'est pas un problème comme tel, tant que vos intérêts à vous sont aussi mis de l'avant dans la conversation et **que la décision finale vous appartienne et représente ce que vous désirez.** Une personne qui décrit les bienfaits de ses nouveaux produits avec passion ne le fait pas nécessairement malhonnêtement, mais certainement avec un certain parti pris positif pour ce qu'elle vous propose. Ne perdons pas de vue la considération financière. Afin de préserver leur emploi, de recevoir une commission ou d'obtenir une promotion, certaines personnes peuvent mettre en évidence les aspects positifs en minimisant ou en taisant les aspects négatifs. Un conflit d'intérêts apparaît lorsque les intérêts d'un client sont subordonnés par les intérêts personnels de celui qui fournit le bien ou le service. L'important ici est d'en prendre conscience. Rechercher une information neutre et objective vous évite de vous laisser emporter ou influencer par l'enthousiasme et le talent de votre interlocuteur à relever les mérites de ce qui vous est offert.

La façon de présenter l'information peut influencer quiconque, c'est normal. C'est aussi normal d'avoir parfois envie de régler « enfin » un achat pour passer à autre chose, ou de justifier des décisions plus ou moins raisonnables par nos émotions du moment (ex. l'espoir, la peine, l'euphorie, le besoin de se gâter). Pour une prise de décision en ligne avec nos propres critères et contraintes, qu'on ne regrettera pas dans le futur, il faut prendre un certain recul en recherchant l'objectivité et la neutralité.

> **Faire la différence entre objectivité et subjectivité.**

Pour beaucoup de transactions financières, la négociation entre les parties détermine l'entente finale. Le plus souvent au niveau du prix d'échange, mais aussi sur les conditions, telles que le délai de livraison, la garantie, le taux d'intérêt ou le service après-vente. Dans une situation à négocier, le vendeur demandera un prix un peu plus élevé et l'acheteur offrira un prix un peu plus bas. Chacune des parties n'ouvrant pas totalement son jeu afin de se garder une marge de manœuvre, dans le but de trouver le meilleur équilibre. L'acquisition d'une propriété résidentielle, d'un véhicule ou même d'un objet usagé trouvé sur un site de petites annonces en ligne est un exemple courant. Ce n'est pas illégal ni immoral de vouloir obtenir le « meilleur prix » pour ce que l'on offre ou acquiert. Faire valoir le fait qu'on est client depuis dix ans dans la négociation du forfait de son cellulaire, par exemple, est correct. Faire valoir la qualité de son dossier de crédit lors du renouvellement d'un prêt aussi. Il est raisonnable de faire valoir ses préférences, sans pression ou menace indue, dans l'honnêteté de l'information fournie et, évidemment, dans le respect. Il faut également être prêt à renoncer à une vente ou un achat si la négociation n'aboutit pas sur une entente.

Certaines personnes sont naturellement plus confortables que d'autres de négocier. Sachez toutefois que la négociation est une pratique courante dans certains domaines et qu'il serait dommage de vous priver de ses avantages. Le bénéfice retiré, par rapport au coût, représente parfois un très bon taux horaire! (revoir L'analyse coûts-avantages, p. 76) Faire poliment valoir ce qui vous semble juste dans une transaction ou ce que vous êtes prêt à débourser représente peu de risque. Si vous êtes prêts à ce qu'au pire, on refuse votre proposition, alors vous n'avez rien à perdre.

> **Qui veillera sur *vos intérêts* si vous ne le faites pas?**

Troisièmement, l'information doit être exempte d'erreurs ou d'omissions importantes. La plupart des slogans publicitaires ne font pas état de tous les éléments à prendre en compte. Les « non-dits » peuvent être de nature financière (ex. coûts indirects non mentionnés) et non financière (ex. modèle moins bien coté). Lorsque la question est importante, il me semble essentiel de consulter plus d'une source d'information. On peut, par exemple, taper la phrase suivante « Quels aspects regarder pour choisir un ordinateur portable? » dans un moteur de recherche. Vous trouverez facilement une liste de critères de choix, tels la mémoire vive, le disque dur, le poids – facile à oublier –, la taille, etc. Vous pourrez alors évaluer l'importance de chacun de ces critères dans votre décision personnelle, et compléter l'information déjà en main. Naturellement, vous le savez déjà, l'information trouvée sur le Web n'est pas nécessairement vraie. Il faut prendre en compte la source et, si nécessaire, contre-vérifier la fidélité de l'information avec d'autres sources d'information plus crédibles.

La comparabilité

L'information doit être comparable afin de faire ressortir les similitudes et les différences de vos options (voir La prise de décision, p. 96).

Rappelons simplement la nécessité de s'assurer de comparer les informations quantitatives et qualitatives en utilisant des caractéristiques similaires. Pour apprécier le coût de différents produits, celui-ci devrait être ramené à une base commune de comparaison, le coût par mètre^2 ou le coût par pied, par exemple. Comparer une unité de mesure de volume (ex. litre) à une mesure de poids (ex. kilo) n'est vraiment pas approprié. Cherchez une base de référence similaire et utilisez l'Internet pour trouver facilement toute conversion recherchée. L'aspect fiscal peut également entrer en ligne de compte. Est-ce avant ou après impôts? Il faut, par exemple, comparer le taux d'intérêt d'un placement net d'impôt (revenu imposable lorsque non enregistré) au taux d'intérêt (non déductible) du prêt-auto. (revoir Tableau 21, p. 83)

Lorsque plusieurs options s'offrent à vous, en comparer les caractéristiques de manière ordonnée facilite l'analyse de la situation. Ce processus peut être essentiellement mental quoique certaines personnes préfèrent le faire sur papier ou à l'écran. Prenons l'exemple d'Angéline qui cherche un logement pour elle et son conjoint. Si elle en visite deux ou trois, il lui sera possible de se rappeler ce qu'elle a observé. Cependant, si elle désire en visiter davantage, disons une dizaine, elle devra probablement développer un système de prise de notes afin de pouvoir s'y retrouver.

Tableau 24
Analyse comparative – Visite de logements

Adresse / Rubrique	100 rue du Succès app. n°1	200 rue de la Joie app. n°2	300 rue du Bonheur app. n°3
Prix	550 $ / mois	540 $ / mois	560 $ / mois
Grandeur	4½, 2 chambres fermées	4½, salon double et 1 chambre fermée	4½
Situation	1er étage	2e étage	3e étage
Couvre-planchers	tuile cuisine et salle bain; reste en bois (abîmé)	prélart partout sauf salle bain en céramique	tapis chambre (proprio va le changer); reste en bois (vernis récent)
Peinture	OK	à refaire au complet	plus tard
Proximité des services	oui	oui	non (épicerie à 15 minutes)
Piste cyclable	tout près	OK	un peu loin
Etc.	...	...	...

Le Tableau de la page précédente est un exemple qui illustre l'accumulation de l'information sous une forme comparative. Structurer l'information la rend plus visuelle. Un outil de ce type vous permettra de rester en phase avec vos critères et vos contraintes (p. 86-87), d'effectuer une meilleure comparabilité, et d'y voir plus clair tout au long de l'ajout d'informations.

La vérifiabilité

L'information devrait être vérifiable, autant que faire se peut. C'est dire, par exemple, que deux personnes différentes devraient sensiblement aboutir aux mêmes constats en faisant le même travail de recherche. L'idéal serait donc de pouvoir corroborer ce qui est dit ou écrit, directement ou par déduction. Dans la vie courante, il est toutefois régulièrement impossible de vérifier l'information annoncée. Lorsque le concepteur d'un véhicule électrique fait état d'une autonomie de 400 km, par exemple, on doit pratiquement tenir cela pour acquis. Lorsque la publicité nous vante les bienfaits de biens et produits de consommation – à répétition et de manière personnalisée de surcroît –, on peut facilement finir par considérer qu'il nous est indispensable. C'est pourquoi il faut s'intéresser à la transparence de l'information *avant* de passer à la transaction. Il est toujours préférable de valider certaines informations clés en lisant la rubrique d'un chroniqueur automobile ou les critiques disponibles sur le Web, par exemple.

Disons toutefois que plusieurs lois protègent les consommateurs en ce qui concerne l'information publiée. Ce qui peut être dit dans une publicité, par exemple, est réglementé. Disons aussi que la plupart des biens importants s'accompagnent d'un contrat de garantie qui promet à l'acheteur la réparation, le remplacement ou le remboursement en cas de défectuosité. Cela réconforte quant aux caractéristiques des biens achetés. Il arrive par contre trop souvent que des gens oublient les conditions de la garantie offerte une fois l'achat effectué. N'oublions pas que ce privilège, qui a une valeur, est inclus dans le prix que vous avez payé. N'hésitez pas à faire valoir vos droits; c'est une façon d'économiser (Tableau 3, p. 14). Finalement, lorsqu'il s'agit de services professionnels, l'Office des professions du Québec chapeaute les différents ordres professionnels dans leur mission de protéger le public en s'assurant de la compétence et de l'intégrité de leurs membres.[44]

Faire la distinction entre un fait et une opinion.

---

44 Source : https://www.opq.gouv.qc.ca.

Dans la considération de la vérifiabilité des informations qui circulent, il existe à mon avis quelques règles fondamentales. L'information écrite est habituellement plus fiable que l'information verbale. Les écrits restent... et sont plus engageants. L'information en provenance d'organismes extérieurs à la transaction est habituellement plus crédible. On peut trouver, par exemple, un site gouvernemental traitant des droits et obligations des consommateurs ou l'étude d'une revue indépendante ayant testé dix modèles d'aspirateur. L'information issue de professionnels ou de gens expérimentés est habituellement plus crédible que celle d'une personne qui ne travaille pas dans le domaine. Dans le texte précédent, le mot « habituellement » est volontairement utilisé pour souligner que ces constats sont fréquents, mais pas constants. Il arrive certainement que des informations verbales soient crédibles, que le représentant qui vous sert soit fiable ou que votre voisin soulève un bon point.

Il faut surtout retenir que l'important est de toujours faire preuve de discernement et d'un certain esprit critique face à l'information qui vous est présentée. **Votre intuition peut aussi vous servir.** Certaines personnes font fi de cette petite voix dans leur tête qui suggère de faire de plus amples recherches ou qui signale que quelque chose ne tourne pas rond. D'autres négligent ces indices placés sur leur route qui les amèneraient, par exemple, à réévaluer leur position.

Travailleur autonome – Jeune entrepreneur

La gestion de l'information est un défi constant pour l'entreprise*. Il faut recenser, traiter, structurer, stocker et accéder à l'information en cas de besoin, de manière efficace et efficiente. L'information est une ressource précieuse, sous-jacente à toutes les activités de l'organisation, internes et externes.

L'information sert continuellement la prise de décision.

Dans l'exploitation courante, des clignotants sont nécessaires, par exemple, pour remarquer que l'inventaire de certains produits est sous le point de commande. Ou encore, que l'augmentation du coût des matériaux nécessite une réévaluation du prix de vente. Dans l'intérêt de se tenir à l'affût de ce qui se passe dans l'environnement externe, la captation des signaux sur les opportunités à évaluer et les menaces à mitiger est également primordiale.

Le volume Attitudes d'Entrepreneur traite avec plus de profondeur du rôle de l'information dans la gestion d'une entreprise.

Vous remarquez des incohérences ou des contradictions? Allez vérifier. Cela a l'air trop beau pour être vrai? Prenez du recul, puis informez-vous davantage. Plus tôt dans ce texte, j'ai fait référence au parti pris des individus. Il faut se le rappeler, pour rester vigilant, sans nécessairement se méfier à l'excès de tout ce qui nous est présenté. Demandez des références avant de signer un contrat ou demandez le compte rendu des heures travaillées qui vous sont facturées. Dans la perspective de l'analyse coûts-avantages, prendre le temps de questionner et d'éclaircir est régulièrement rentable.

> **Il faut distinguer les sources d'information selon leur crédibilité.**

La compréhensibilité

L'information doit être compréhensible, pour une considération appropriée. Elle doit être claire et la plus précise possible. Certaines situations sont plus complexes que d'autres, requérant ainsi une expertise particulière. Assurez-vous alors de la correspondance des compétences de la personne consultée en fonction de vos besoins. Personnellement, je crois tout de même qu'une recherche minimale est nécessaire lorsque l'événement est important. Les autres sont certes de bon conseil, mais assurez-vous de vous-mêmes comprendre ce qu'il en est, même si acquérir cette connaissance demande du temps. Au bout du compte, vous êtes celui ou celle qui devrez vivre avec les implications et les conséquences (positives et négatives) de vos choix. Pas eux!

> **La précision de la communication favorise l'entente.**

Prenons l'exemple de Zachary, qui ne comprend pas la différence entre les différents placements qui lui sont offerts pour son compte REÉR. Comme épargnant, il doit poser des questions et chercher à comprendre lui-même ce que chaque option représente. Investir seulement dans les titres suggérés par le conseiller financier, sous prétexte que celui-ci est un expert, risque d'amener une personne à faire des choix qui ne correspondent pas nécessairement à ses besoins et à ses buts. Rappelons à ce sujet les éléments clés des placements : terme, rendement, risque (p. 62). Comprendre les choix financiers que l'on fait et se les approprier accentue grandement notre contrôle sur nos propres finances, et par le fait même, sur la réalisation de nos projets de vie. De plus, comprendre l'information ou le vocabulaire spécialisé de base me semble nécessaire, du moins pour tout ce qui compte. Lorsque Mélanie prend le temps de comprendre le référentiel de la soumission d'un entrepreneur en construction ou de vérifier le sens des chiffres de sa commande sur mesure, elle cherche à s'assurer que tout est conforme à ce qu'elle désire. Elle souhaite ainsi s'éviter surprises et désagréments. Exclure une information parce qu'on a « peur d'avoir l'air ignorant » n'est pas une bonne idée. Il y a une différence entre « Quel est le montant que j'épargne? » et « Quel est le montant qui reste à payer? » S'assurer d'un langage commun compréhensible de part et d'autre évite bien des incompréhensions.

Plusieurs facteurs peuvent retenir quelqu'un de partir à la recherche d'informations. Premièrement, le doute quant à sa capacité de trouver les bonnes informations et de les assimiler. Il est tellement plus facile de se fier sur « l'expert » rencontré que de prendre le temps de s'informer pour mieux comprendre. Deuxièmement, le manque d'intérêt pour le sujet en cause. Les gens vont naturellement s'impliquer davantage dans les choses qu'ils aiment. Certaines personnes peuvent passer des heures à choisir une paire de souliers de course adaptée à leurs besoins et à leur niveau de performance, alors qu'elles signeront le contrat d'achat de la piscine sans même le lire.

> **Avoir en main l'information nécessaire, au bon moment.**

Dans le monde actuel, étant donné la facilité d'obtention de l'information, il n'y a aucune raison de s'en priver, pour une meilleure compréhensibilité. Quand c'est important, et surtout quand on ne s'y connaît pas, il faut s'impliquer. Il ne faut pas hésiter à poser des questions au conseiller. Il n'y a pas de questions inutiles. Faire comme si l'on comprenait tout ne fait pas avancer les choses. On peut aussi aller consulter un autre conseiller ou un autre représentant. C'est dans la normalité de chercher différents points de vue. Ainsi, demander deux – ou même trois – soumissions pour la construction du garage peut vous permettre de faire des économies (revoir Tableau 3, p. 14), tout en peaufinant votre projet. C'est une démarche normale en affaires, ne vous privez pas d'options. **Qui veillera sur vos affaires *si vous* ne le faites pas?**

CONCLUSION

Comme établi au départ, l'objectif du volume *Votre argent : Chaque décision compte* est d'initier toute personne à la comptabilité et ses notions de base. Puisqu'il est indéniable que la gestion financière fait partie intégrante de la vie courante, tous gagnent à avoir certaines connaissances comptables ainsi que quelques outils financiers en poche pour se sentir en contrôle de leurs propres décisions. Ne vous privez pas de cette indépendance dans la gestion de vos choix.

Faites-vous confiance! C'est possible de comprendre ces termes et notions qui vous semblent parfois inaccessibles. Même si cela vous demande temps et effort, vous serez satisfait de vous sentir autonome et en contrôle dans la gestion de vos finances. Informez-vous. De nos jours, on trouve des informations sur tous les sujets en quelques clics, profitez-en, faites vos recherches, faites de bons choix. Soyez conscient des caractéristiques des différents modes de financement, puis assurez-vous d'effectuer judicieusement les placements favorisant votre bien-être. S'occuper de ses finances n'est pas ennuyant lorsque faire une différence dans le présent vous assure d'accomplir ce que vous voudrez dans l'avenir.

Le volume *Votre argent : Chaque décision compte* désirait éveiller en vous la nécessité de s'intéresser à vos affaires, voire de créer le désir et la satisfaction de le faire. Au fil des années, être en contrôle de sa situation financière est sécurisant. Vous me direz que vous ne pouvez pas tout contrôler, et c'est vrai. On peut à tout le moins se donner les outils nécessaires pour prendre les meilleures décisions possibles, dans l'atteinte de l'équilibre financier.

Travailleur autonome – Jeune entrepreneur

Pour les particuliers qui commencent leur entreprise ou qui désirent en créer une, le volume *Votre argent : Chaque décision compte* est un bon départ. Le travailleur autonome ou le jeune entrepreneur a été sensibilisé aux différences entre la situation personnelle et la situation entrepreneuriale. Il sera plus à même de chercher des conseils avisés, dans la continuité de son projet.

Je souhaite à tous l'harmonie financière,
et Merci d'apprécier mon travail.

BIBLIOGRAPHIE

Deslauriers, Sylvie, Attitudes d'Entrepreneur, AB + publications, 2018, 194 pages.

Agence du revenu du Canada, https://www.canada.ca/fr/agence-revenu.html.

Autorité des marchés financiers, https://lautorite.qc.ca/grand-public/.

Bachand, Marc, Boivin, Nicolas, Lemelin, Nicolas, Fiscalité UQTR, https://oraprdnt.uqtr.uquebec.ca/pls/public/gscw031?owa_no_site=1730.

Banque du Canada, https://www.banqueducanada.ca/.

Collection Normes et recommandations de CPA Canada.

Dictionnaire Larousse, https://www.larousse.fr/.

Énergie et ressources naturelles, Québec, https://mern.gouv.qc.ca/territoire/portrait/portrait-quebec.jsp.

Gosselin, Jocelyne, Deslauriers, Sylvie, Michaud, Patricia, La comptabilité et les PME, 3e édition, Chenelière éducation, 2018, 608 pages.

Gouvernement du Canada, https://www.canada.ca/fr.html.

Gouvernement du Québec, https://www.quebec.ca/.

Ménard, Louis, Dictionnaire de la comptabilité et de la gestion financière, 3e édition, 2014.

Office de la protection du consommateur, https://www.opc.gouv.qc.ca/.

Office des professions, https://www.opq.gouv.qc.ca.

Retraite Québec, https://www.retraitequebec.gouv.qc.ca/fr/Pages/accueil.aspx.

Revenu Québec, https://www.revenuquebec.ca/.

Santé et Services sociaux, https://publications.msss.gouv.qc.ca/.

Société canadienne d'hypothèques et de logement, https://www.cmhc-schl.gc.ca/fr/.

Wikipédia, l'Encyclopédie libre, https://fr.wikipedia.org/wiki/Wikip%C3%A9dia:Accueil_principal.

TABLE DES ILLUSTRATIONS

* Exemples d'outils d'analyse de l'information ou d'aide à la prise de décision.

www.ingramcontent.com/pod-product-compliance
Lightning Source LLC
Chambersburg PA
CBHW060932220326
41597CB00020BA/3725